Roswitha Burchat-Harms

KONFLIKTMANAGEMENT

Roswitha Burchat-Harms

KONFLIKT-MANAGEMENT

Wie Kindergärten TOP werden

TEAM- und ORGANISATIONSENTWICKLUNG PRAKTISCH

Luchterhand

Die Deutsche Bibliothek – CIP-Einheitsaufnahme

Konfliktmanagement : wie Kindergärten TOP werden /
Roswitha Burchat-Harms .. – Neuwied ;
Berlin : Luchterhand , 2001
(Team-und Organisationsentwicklung praktisch)
ISBN 3-472-04169-2

Herausgegeben von Ludger Pesch und Verena Sommerfeld

Redaktion klein & groß Neuwied, Kriftel
und Berlin

Gestaltung und Satz: Jens Klennert, Tania Miguez
Titelbild: Ryo Konno/photonica
Druck und Bindung: H. Heenemann GmbH & Co, Berlin
Printed in Germany, Juni 2001

Inhalt

Vorwort der Herausgeber

Wenn es um Teamentwicklung geht, ist die Bearbeitung von Konflikten unausweichlich. »Geht es nicht ohne Konflikte?«, mögen manche Leser/innen fragen. Auch wir haben uns das häufig selbst seufzend gefragt. Sorry, nein, lautet die Antwort der Autorin dieses Bandes unserer TOP-Reihe. Die unbequeme Antwort läuft darauf hinaus:

Wenn wir uns mit Konflikten befassen, dann geht es häufig oft nur darum, den Umgang mit ihnen besser zu gestalten, zu steuern, zu managen. Es kann nicht darum gehen, Konflikte ein für alle Mal zu verhindern. Vielleicht ist das nicht die Antwort, die wir uns gewünscht haben. Aber das Idealziel einer stets harmonischen Arbeitsbeziehung zieht die Enttäuschung zwingend nach sich. Und haben Sie nicht auch zu diesem Buch gegriffen, weil sie einmal etwas anderes versuchen wollen als das, was Sie bisher getan oder unterlassen haben?

In diesem TOP-Band gibt Ihnen Roswitha Burchat-Harms zahlreiche Hinweise, wie Sie Konflikte so bearbeiten können, dass dabei ein Gewinn herausspringt. Für Ihr Team und für Sie selbst. Denn »keine Gruppe kann völlig harmonisch sein, es sei denn, sie wäre ohne Entwicklung und Struktur » (Lewis A. Coser: Theorie 1000 sozialer Konflikte). Wenn es in Ihrem Team keine Konflikte gäbe, wäre es vermutlich tot. Warum geraten Kinder mit ihren Eltern permanent in Konflikt? Weil sie sich entwickeln müssen. Und warum können sie es sich leisten? Weil die Beziehung zwischen Eltern und Kindern äußerst belastbar ist. Ohne Nähe und Gemeinsamkeit kein Konflikt!

»Konflikt« gehört zu unserer Alltagssprache. Aber was ist eigentlich ein Konflikt? Beim Nachdenken darüber kann es uns gehen wie Augustinus mit dem Begriff der »Zeit«: Es zeigt sich eine ungeheure Vielschichtigkeit des Begriffs, die der Alltagsgebrauch eher verdeckt oder im Unklaren lässt. Was ist der Unterschied zwischen Konflikt und Streit? Was der Unterschied zwischen Konflikt und Interessensgegensätzen? Welche Konfliktarten müssen unterschieden werden? Und wie äußern sie sich?

In diesem Buch lernen Sie notwendige Unterscheidungen kennen, die Ihnen helfen, die Situation zu analysieren und zu verstehen – denn das ist die Voraussetzung für angemessenes Verhalten.

In vielen Befragungen benennen Sozialpädagoginnen »Konfliktfähigkeit« als eines der wichtigsten Ziele ihrer Arbeit – im Hinblick auf Kinder. »Ich lehre, was ich selbst am dringendsten lernen muss«, heißt es in einer Geschichte von Richard Bach. Vielen Erzieherinnen ist das Problem bewusst, sie sehen sich von ihrer Ausbildung her aber nicht genügend auf die Bearbeitung von Konflikten vorbereitet (vgl. die Untersuchung des DJI, 1997). Konfliktverhalten ist nicht nur eine persönliche, sondern auch eine zentrale professionelle Kompetenz. Bereits im TOP-Band »Teamentwicklung« hatten wir Verfahren zur Bearbeitung von Konflikten unter Erwachsenen (Mitarbeiter/innen und Eltern) beschrieben. Der Band »Konfliktmanagement« vertieft das Thema und erläutert Ihnen eine Fülle weiterer Bearbeitungsmöglichkeiten. Sie müssen ja gar nicht streitlustig werden...

Ludger Pesch, Verena Sommerfeld

Kleine Vignetten sollen Ihnen helfen, sich besser im Buch zurechtzufinden. Sie stehen für:

 Theorieinputs

 Praxisbeispiele

 praktische Verfahren

Einleitung

Konflikte sind im Zusammenleben und in der Zusammenarbeit von Menschen unvermeidlich. Jede Organisation, sei es ein Unternehmen, eine Verwaltung oder eine soziale Einrichtung, hat täglich Konflikte zu bewältigen. Konflikte sind der Ursprung neuer Lösungen; ihre produktive Bewältigung und der konstruktive Umgang mit ihnen sind Ausgangspunkt für die Weiterentwicklung jeder Organisation. Wir lernen miteinander und voneinander, zu einem großen Teil, indem wir Konflikte bewältigen.

»Im Gegensatz zu einem weit verbreiteten Mythos zeichnen sich gute Teams nicht durch die Abwesenheit von Konflikten aus. Im Gegenteil – ich habe die Erfahrung gemacht, dass ein erkennbarer Ideenkonflikt der verlässlichste Indikator für ein lernendes Team ist. In herausragenden Teams wird der Konflikt zu etwas Produktivem. Der freie Fluss von widersprüchlichen Ideen ist von entscheidender Bedeutung für ein kreatives Denken, für die Entdeckung neuer Lösungen, zu denen der einzelne Mensch nie vorstoßen könnte. Der Konflikt wird also zu einem Bestandteil des fortlaufenden Dialogs.« (Peter Senge 1996, S.303)

Der Philosoph und Bildungspolitiker Ralf Dahrendorf sieht in Konflikten eine hervorragende schöpferische Kraft und bezeichnet sie als Lebenselement der Gesellschaft. Vermutlich werden Sie – wie die meisten Menschen – diese Seite von Konflikten nicht im Vordergrund sehen. Konflikte haben jedoch neben dem Ärger, den sie mit sich bringen, und neben der Tatsache, dass sie die Zusammenarbeit unbefriedigend werden lassen, auch eine sinnvolle Seite, selbst wenn es auf den ersten Blick nicht so scheinen mag. Ein Team wächst mit der Bewältigung strittiger Fragen. Werden Interessengegensätze ausgetragen, entstehen Werte und Grundlagen der Zusammenarbeit. Unterschiedliche Auffassungen und Herangehensweisen in der Zusammenarbeit sind also selbstverständlich und nützlich, es kommt allerdings darauf an, wie produktiv wir damit umgehen. Das ist leichter gesagt als getan, denken Sie jetzt vermutlich. Schauen wir uns nur die praktische Arbeit in der Kindertagesstätte und ihre Konfliktfelder an.

Fragen und Anlässe, die häufig zu Konflikten führen:

- Wessen Interessen werden bei der Urlaubsplanung berücksichtigt?
- Welcher Raum wird im nächsten Jahr mein Gruppenraum?
- Wie werden die Beschaffungsmittel in diesem Jahr verwendet?
- Weshalb muss ich schon wieder die Krankheitsvertretung übernehmen, obwohl ich das schon die letzten beiden Male übernommen habe?
- Wenn meine Kollegin mit dem aggressiven Sven nicht klar kommt, weshalb soll er ausgerechnet in meine Gruppe kommen?
- Der Träger argumentiert mit knappen Kassen und verlangt, die Gruppengröße zu erhöhen und damit den Betreuungsschlüssel zu verschlechtern. Ist das fachlich vertretbar? Können wir uns dagegen wehren?
- Eltern fordern vehement längere Öffnungszeiten – ist das mit unserem pädagogischen Konzept zu vereinbaren?
- Die Rollen und Zuständigkeiten im Team sind nicht klar.
- Welche Kompetenzen habe ich als Springerin in der Gruppe?
- Wie viel Macht habe ich als stellvertretende Leiter/in oder stellvertretender Leiter?
- Wie kann ich mich als einziger Mann in der Einrichtung durchsetzen?

Anlässe für Auseinandersetzungen gibt es viele; die Zahl solcher und ähnlicher Fragen ist groß. Entscheidend ist, ob Ihre Institution eine Kultur entwickelt, die dabei hilft, Konflikte nicht zu verdrängen, sondern sie offen anzusprechen, und in der die Bereitschaft wächst, gemeinsam an Klärungen zu arbeiten.

Eine TOP-Kindertagesstätte braucht solche kommunikativen Fähigkeiten. Auch wenn viele Menschen meinen, dass eine Institution, in der überwiegend Frauen arbeiten, weniger mit Konflikten belastet ist. Frauen wählen meist nur andere Formen der Konfliktvermeidung und -austragung als Männer, unabhängig davon, dass die Vorstellung, ohne Konflikte ginge es besser, ein Trugschluss ist. Konflikte sind Ausdruck für unterschiedliche Werte, Interessen und Bedürfnisse. Erst wenn wir Konflikte als etwas ganz Normales betrachten und sie aktiv angehen, kommen wir zu einer konstruktiven Zusammenarbeit.

Widersprechen möchte ich auch, wenn es heißt, Frauen wären aufgrund ihrer Erziehung besser in der Lage, mit Konflikten umzugehen. Ist es nicht vielmehr oft so, dass Frauen aus Angst, verletzt zu werden und zu verletzen, zurückstecken und damit unzufrieden sind? Diese Reaktion ist auf die Dauer schädlich, weil sie einer konstruktiven Zusammenarbeit die Grundlage entzieht. Das andere Extrem, in Konfliktsituationen »ohne Sinn und Verstand« zu agieren, ist aber ebenso schädlich.

Konflikte haben bekanntlich auch Kosten. Zunächst kosten sie Kraft und Zeit. Darüber hinaus können sie zu Schäden in der gegenseitigen Akzeptanz und im Ansehen der Einrichtung führen. Wenn Konflikte zerstörerisch werden, beeinträchtigen sie das Wohlbefinden und die Gesundheit der Beteiligten, ebenso beschädigen sie den Ruf der Einrichtung. Deshalb kommt es darauf an, realistische Strategien und Formen der Bewältigung von Konflikten zu entwickeln. Festzuhalten ist, dass die Kosten von Konflikten steigen, wenn die Konflikte verdrängt oder geleugnet werden.

Den produktiven und konstruktiven Umgang mit Konflikten können wir lernen, als Einzelne und in der Institution. Dieser Lernprozess ist die Grundlage für Wachstum und Weiterentwicklung. Das bedeutet, Sie müssen bereit sein, Kraft und Zeit zu investieren, um an Lösungen zu arbeiten, auf deren Basis die Zusammenarbeit gestärkt wird. Die Arbeit an und mit Konflikten ist nicht nur das »reinigende Gewitter« eines aktuellen Streits. Vielmehr ist es ein Ringen um eine bessere Arbeit. Konflikte entstehen auf unterschiedlichen Ebenen und bei den verschiedensten Anlässen. Sie zu erkennen, anzusprechen und angemessene Formen zur Bearbeitung zu finden, dabei soll dieses Buch Ihnen helfen. Es soll Sie darin unterstützen, einen zielbewussten und handlungsorientierten Umgang mit Konflikten zu finden. Dabei sollten Sie sich bewusst sein, dass es keine endgültige Lösung für Konflikte gibt. Vielmehr ist die Arbeit an und mit Konflikten zwischen Menschen ein Prozess, der immer neue Konflikte und Herausforderungen bereithält.

Ich möchte Sie ermutigen, über Ihren persönlichen Umgang mit Konflikten nachzudenken. Dieses Buch wurde in erster Linie für Leitungskräfte in Kindergärten und Kindertagesstätten und für Kolleginnen und Kollegen, die eine Leitungsfunktion anstreben, geschrieben. Die Überlegungen, Hinweise und Übungen sind aber für alle Mitarbeiter/innen in Kindertagesstätten gedacht. Neben theoretischen Teilen und grundlegenden Überlegungen zum Thema finden Sie praktische Beispiele, Hinweise und Übungen, die sich an Einzelne und an Teams richten. Sie werden auch auf die Grenzen hingewiesen, an denen professionelle Unterstützung von außen notwendig wird.

Das Buch erklärt zunächst, wie Konflikte entstehen und welche Eigendynamik sie entwickeln, wenn wir ihnen nicht genügend Aufmerksamkeit schenken. (Kapitel 1)

Sie erfahren, was ein Konflikt ist und worin er sich von Problemen und institutionellen Katastrophen unterscheidet. (Kapitel 2)

Die Darstellung der unterschiedlichen, alltäglichen Reaktionsweisen beim Auftreten von Konflikten soll durchaus einen Wiedererkennungseffekt provozieren und Sie ermuntern, Ihr eigenes Konfliktverhalten und das Ihres Teams, zu reflektieren. (Kapitel 3)

Im Kapitel 4 finden Sie neben der Darstellung der verschiedenen Konfliktarten und Dimensionen auch einsatzfähige Diagnoseinstrumente, Checklisten und Übungen, die Ihnen helfen können, auftretende Konflikte zu analysieren und zu erhellen. Dass die Lösung von Konflikten eine systemische Betrachtungsweise voraussetzt, dazu erfahren Sie mehr im Kapitel 5. In den beiden Kapiteln 6 und 7 finden Sie in erster Linie Hinweise, wie Sie in Ihrer Einrichtung mit Konfliktsituationen umgehen können. Wobei das Kapitel 7 für sich allein verständlich ist und sich für eilige Leser/innen eignet. Falls Sie Lust bekommen, sich weiter mit dem Thema zu beschäftigen, finden Sie im Kapitel 8 Anregungen zum Weiterlesen.

Sie werden in diesem Buch weitgehend die weibliche Schreibweise der Berufsbezeichnungen finden. Die Männer in den Kindertagesstätten sollen sich generell im Text dennoch herzlich angesprochen fühlen.

1 Wie aus einer Mücke ein Elefant wird – die Konfliktspirale

Stellen Sie sich vor, in Ihre Einrichtung ist kürzlich eine neue Kollegin gekommen, Kerstin, die bei der Einstellung einen kompetenten Eindruck auf Sie gemacht hat. Inzwischen arbeitet Kerstin in einer Gruppe mit Anna, einer Ihnen vertrauten, älteren Kollegin, zusammen. Obwohl Sie nicht unmittelbar mit beiden zusammenarbeiten, spüren Sie die Distanz der vertrauten Kollegin gegenüber Kerstin. Nach einer Teamsitzung fragen Sie Anna, wie die Zusammenarbeit läuft. Sie teilt Ihnen mit, dass sie Kerstins Haltung in Disziplinfragen für zu lässig und nicht konsequent genug hält. Von einer neuen Kollegin könne man eine Anpassung an den Arbeitsstil der Einrichtung erwarten. Sie halten Ihre Meinung – wie Sie meinen – vorerst zurück und ermuntern Anna, doch einmal mit Kerstin zu sprechen. Nach einiger Zeit bemerken Sie einen Stimmungswandel in der Einrichtung. Was ist geschehen? Der Prozess kann auf verschiedene Weise weitergegangen sein. Zum Beispiel so:

- Vielleicht hat Anna Kerstin angesprochen und ihre Bedenken nicht als ihre eigenen vorgetragen, sondern sich hinter Ihnen als Leiter/in versteckt und die eigenen Bedenken als Ihre ausgegeben.
- Vielleicht spricht Kerstin Sie nun direkt an, um herauszufinden, was zwischen Ihnen beiden steht.
- Vielleicht geht Kerstin auf Distanz zu Ihnen, wird Ihnen gegenüber vorsichtig.
- Vielleicht sucht sie sich Verbündete im Team. Sie bemerken das und reagieren verärgert, was Kerstin wiederum ins Team trägt: Sie bemerken eine kritische Dynamik im Team.
- Vielleicht spricht eine langjährige Kollegin aus dem Team

Sie als Leiter/in direkt an, weil sie die Aufregung nicht versteht.
- Vielleicht versucht Ihre Stellvertreterin, die entstehende »heiße Luft« aus der Arbeitsatmosphäre zu holen.

Weitere Varianten könnten folgen. Am Ende ist aus einer Meinungsverschiedenheit zwischen Einzelnen ein Konflikt im Team entstanden. Dass in einem derartigen Fall die Kooperationsfähigkeit eingeschränkt ist, liegt auf der Hand.
Vermutlich werden Sie sich fragen:

Was ist passiert ? Wie konnte eine Meinungsverschiedenheit eine solche Dynamik gewinnen? Kann eine derartige Entwicklung überhaupt rechtzeitig gestoppt werden und wie? Wie können wir uns die Dynamik von Konflikten erklären?

Die Konfliktspirale

Die Geschichte eines Konflikts zwischen Personen in Institutionen oder zwischen Institutionen beginnt meist mit einem einfachen Sachkonflikt. Sie ist als ein Prozess zu verstehen, in den sich die handelnden Personen immer weiter verstricken. Dabei verliert sich die Ursache des Konflikts meist im Prozess. Wenn Konfliktbeteiligte beschreiben sollen, wie und an welchem Punkt der Konflikt eigentlich entstanden ist, kommen sie zu unterschiedlichen Ergebnissen.
Weshalb geraten wir in eine »Konfliktspirale«, die wir nicht mehr kontrollieren, in der nicht wir den Konflikt beherrschen, sondern der Konflikt uns?
Der Prozess, der stattfindet, lässt sich als eine schrittweise, sich steigernde Verhärtung beschreiben.

Verhärtung in der Wahrnehmung, im Denken und in den Vorstellungen

Der Beginn einer konflikthaften Auseinandersetzung ist oft begleitet von unterschiedlichen Wahrnehmungen und Vorstellungen. Wir denken etwas Unterschiedliches über die gleiche Sache. Wie selbstverständlich gehen wir davon aus, über das notwendige Wissen zur Sache und zur Situation zu verfügen. Selten bemühen wir uns, im positiven Sinne zu erforschen, was die andere Person uns voraus hat. Anstatt neugierig auf das Wissen der anderen zu sein, fühlen wir uns eher in unseren Glaubenssätzen bedroht. Wir beginnen, unsere Scheuklappen herunterzuklappen und uns zu verhärten, wodurch wir uns immer weiter von einer möglichen gemeinsamen Sicht entfernen. Die Brille, durch die wir schauen, ist im Verlauf des Konflikts immer stärker eingefärbt, aber in unterschiedlichen Farben. Schnell stellen wir andere Zusammenhänge her. So fallen uns negative Eigenschaften unseres Gegenübers stärker ins Auge, positive werden übersehen. Aus Bedenken werden Vorurteile gegenüber dem Konfliktgegner, die sich verstärken.

Nach einigen Umdrehungen der Konfliktspirale sind wir nicht mehr in der Lage, die Sache, um die es ging, oder die andere Person mit ihren positiven Seiten wahrzunehmen.

Verhärtung der Gefühle

Zunächst steigert sich bei einer konflikthaften Entwicklung die Empfindlichkeit, wir »überreagieren«. Anstatt deutlich zu zeigen, wie wir uns fühlen, maskieren wir uns. Als Selbstschutz treten wir schnell in die Phase der Verhärtung, wir panzern uns ein. Wir lassen die Gefühle für den anderen nicht mehr an uns heran. Das Einfühlungsvermögen schwindet in dem Maße, in dem die Abkapselung nach außen zunimmt. Innerlich quälen wir uns. Alles, was vom Gegenüber kommt, wird nur noch als verletzend wahrgenommen, was den Wunsch nach weiterer Abkapselung verstärkt.

Je tiefer wir in dieser Spirale der Verhärtung nach außen und der Verletzlichkeit nach innen versinken, um so weniger sind wir in der Lage, uns in den anderen hineinzuversetzen, ihm oder ihr nachzufühlen. Das ist aber notwendig, um Konflikte verstehen und bearbeiten zu können.

Verhärtung im Wollen

Während wir zunächst bei einer einfachen Sachfrage das Problem lösen wollen, verstärkt sich im Prozess der Konfliktverschärfung die Starre, mit der wir uns durchsetzen wollen. Das Beharren auf der Durchsetzung des eigenen Willens sorgt für einen Gegensatz zwischen Gewinnern und Verlierern. Wir müssen »mit dem Kopf durch die Wand« oder handeln nach dem Motto »Augen zu und durch«. Damit ist eine immer größere Starre der Vorstellungen verbunden. Wir werden blind für andere. Die eigene Position verhärtet sich immer mehr. Eine Lösung, bei der wir uns nicht vollständig durchsetzen, ist nicht mehr denkbar. Dieser sich verstärkende Fanatismus ist typisch für die Spirale des Konflikts und entfernt uns immer weiter von einer möglichen Lösung.

Die drei spiralförmigen Prozesse wirken sich auf das Verhalten aus. Wir handeln immer härter und kompromissloser. Der Konflikt entwickelt so ein Eigenleben.

Ich höre in Beratungen oft den Satz: »Das habe ich so gar nicht gewollt.« Das Eigenleben des Konflikts, die Spirale der Verhärtung, führt dazu, dass Menschen Handlungen (Äußerungen, Gesten, Verhaltensweisen) begehen, die gut gemeint sind, aber den Konflikt weiter anheizen.

In einem Konflikt geraten beide/alle Seiten in eine Spirale der Verhärtung. Die Ebenen der Wahrnehmungen, Vorstellungen, des Denkens, der Gefühle und des Wollens überlagern sich wechselseitig und beeinflussen das Handeln. Diese Handlungen werden vom Konfliktgegner ausschließlich vor dem Hintergrund seiner eigenen Verhärtungen wahrgenommen und verarbeitet. Der Konflikt eskaliert, ohne dass die Beteiligten genau sagen können, woran es liegt – außer, dass der Konfliktgegner »schuld ist«. Im Ergebnis dieser Entwicklung gewinnt der Konflikt eine Eigendynamik, bei der nicht wir den Konflikt beherrschen, sondern der Konflikt uns.

2 Was ist ein Konflikt?

Um Konflikte konstruktiv zu bewältigen und sie als Entwicklungsenergie zu nutzen, brauchen Sie in Ihrer Institution einen gemeinsamen Reflexionsrahmen und ein gemeinsames Verständnis darüber, was ein Konflikt ist. Die folgenden Unterscheidungen und Begriffsbestimmungen sollen Sie darin unterstützen, ein gemeinsames Verständnis von Konflikten zu entwickeln.

Der Begriff Konflikt wird häufig undifferenziert und inflationär benutzt. Kleine Meinungsverschiedenheiten in Gesellschaft, Familie, Arbeitswelt, Schule und auch in Kindertagesstätten werden zum Konflikt stilisiert, wodurch Klarheit eher verwischt als erzeugt wird.

Zur Definition des Begriffs Konflikt finden wir in der Literatur unterschiedliche Interpretationen. Sie reichen von der sehr weit gefassten Annahme, ein Konflikt sei die Uneinigkeit zwischen zwei oder mehreren Menschen; über objektive und subjektive Gegensätzlichkeiten bis zur Gegnerschaft in Spannungssituationen.

Friedrich Glasl schlägt folgende Definition vor, der inzwischen viele Autorinnen und Autoren zustimmen:

Konflikt ist die Unvereinbarkeit im Denken, Fühlen und/oder Wollen wenigstens einer Seite, verbunden mit der Beeinträchtigung der Ziele, Interessen, Gefühle oder Vorstellungen, die wenigstens von einem Akteur (Person, Gruppe oder Organisation) so empfunden werden müssen (vgl. Friedrich Glasl 1990, S.14/15).

Konflikt ist demnach ein Prozess, in dem widerstrebende Kräfte entweder in einer Person (innerpsychisch) oder zwischen einzelnen Personen und/oder Gruppen, Organisationen (sozial) aufeinander prallen (vgl. Reinhilde Beck u. Gotthart Schwarz 1995, S.22).

Innerpsychische Konflikte

Bei Konflikten in Kindertagesstätten interessieren uns vornehmlich die sozialen Konflikte, weil es in erster Linie darum geht, die Zusammenarbeit zu organisieren. Doch die innerpsychischen Konflikte schwingen im Arbeitsalltag mit. Für die Bearbeitung dieser Konflikte müssen die einzelnen Personen allerdings selbst die Verantwortung übernehmen.

Innerpsychische Konflikte zeichnen sich durch starken inneren Druck, hohe Verunsicherung und Anspannung aus. Das Ich der Person ist betroffen. Angst- und Katastrophenfantasien im Sinne von »Was alles geschehen würde und könnte, wenn ...« führen zu starken Belastungen. Wenn einer Person in solchen Situationen keine Handlungsalternativen zur Verfügung stehen, machen sich auf der emotionalen Seite Angst, Niedergeschlagenheit und Ärger breit. Auf der kognitiven Ebene führt dies zu Hilflosigkeit, Frustration, Resignation, oder sogar zu Burn-out-Symptomen. Im Verhalten betroffener Menschen sind Rückzug, innere und äußere »Kündigung« und Vermeidung von Kontakt erkennbar.

Unbearbeitete innerpsychische Konflikte beeinträchtigen auf Dauer die Lebensqualität. Als Leiter/in einer Kindertagesstätte sind Sie auch mit den innerpsychischen Konflikten Ihrer Kolleginnen und Kollegen konfrontiert. Hier sollten Sie sensibel und achtsam sein, aber es ist nicht Ihre Aufgabe, Hobbypsychologie zu betreiben. Eine Kindertagesstätte ist weder eine Gruppe, in der sich alle mögen müssen, noch ein Ersatz für eine Therapiegruppe. Wenn Sie jedoch oben genannte Anzeichen bei einer Kollegin bemerken, ermutigen Sie, sich professionelle Hilfe zu holen.

Von der kritischen Situation zum sozialen Konflikt

Nicht jede Meinungsverschiedenheit muss im Konflikt enden. Häufig können wir sie »im Raum stehen lassen«, also aushalten, und sie beeinträchtigt unser Kooperationsverhalten nicht. Damit »kann ich/ können wir leben« ist der bekannte Satz in diesem Zusammenhang.

Im Alltag erfahren und erleben wir Differenzen in den unterschiedlichsten Bereichen, die uns im Kontakt mit anderen beeinträchtigen oder bereichern. Diese Differenzen gibt es in Wahrnehmungen, Vorstellungen, im Denken, Fühlen, Wollen und Verhalten.

Differenzen in Wahrnehmungen, Vorstellungen und im Denken

Jede/r von uns kennt Situationen, in denen wir im Widerstreit mit uns selbst oder mit Vorstellungen anderer Personen sind, ohne dass wir die gemischten Gefühle als Konflikt wahrnehmen. So kann ich die Dozentin in der Fortbildung als provozierend und interessant wahrnehmen, ihre Vorstellungen über Erziehungsstile sind nicht meine, aber sie wird von mir respektiert, toleriert, vielleicht macht sie mich sogar neugierig. Meine Kollegin hingegen versucht, mir vehement deutlich zu machen, dass die Ansichten der Dozentin »vorsintflutlich« sind, trotzdem bekommen wir keinen Konflikt. Wir können diese Unterschiede »stehen lassen«.

Differenzen im Fühlen

Differenzen im Erleben und Fühlen zwischen mehreren Personen oder Gruppierungen müssen keinen Konflikt auslösen.

So fordert zum Beispiel ein Kind aus der Einrichtung durch sein Verhalten von allen Mitarbeiter/innen große Aufmerksamkeit. Jede Kollegin hat unterschiedliche Empfindungen diesem Mädchen gegenüber, die sich in Unmutsäußerungen ausdrücken. Von Mitleid bis Groll reichen die unterschiedlichen Gefühle. Dennoch entsteht kein Konflikt, weil jede die Empfindungen der anderen toleriert. Ein gutes Team kann aus solchen Differenzen lernen. Das setzt allerdings Interesse an den unterschiedlichen Ideen, Meinungen und Haltungen anderer Menschen voraus.

Differenzen im Wollen

Stellen Sie sich folgende Situation vor: Zu der Frage, ob Kindergartenkinder Mittagsschlaf brauchen, gibt es unterschiedliche Auffassungen. Wenn die Meinungen im Team diskutiert werden, muss es nicht zu einem Konflikt kommen. Die Ansichten stehen gegeneinander, aber das Team verständigt sich auf eine gemeinsame Vorgehensweise. Wenn dagegen die Vertretung in meiner Gruppe, in der die Kinder täglich mittags schlafen, das ändert, weil sie das für pädagogisch sinnvoll hält, ist ein Konflikt zwischen uns wahrscheinlich. Unterschiedliches Wollen ist zunächst Grund für eine intensive Diskussion. Wenn es allerdings ohne Absprache zu einem Handeln gegeneinander wird, kann daraus ein Konflikt entstehen. Die Äußerung bestimmter unterschiedlicher Absichten ohne Umsetzung in eine Handlung führt in der Regel nicht zum Konflikt. Ein Gespräch, eine Diskussion bietet die Möglichkeit zur Einigung zwischen den Protagonisten. Wenn allerdings die eigenen Absichten rücksichtslos umgesetzt werden, sieht das anders aus.

Ob aus einer kritischen Situation ein Konflikt wird oder nicht, hängt von der Art und Weise ab, wie Sie und Ihre Kolleginnen und Kollegen mit unterschiedlichen Meinungen, Absichten, gefühlsmäßigen Differenzen, auch mit Ungeschick, Pannen und Versehen umgehen. Sie selbst und die Streitkultur in Ihrer Institution beeinflussen die Dynamik, die aus »einer Mücke einen Elefanten« werden lässt.

Kommen wir zur Ausgangsfrage zurück
Was ist ein Konflikt?
Ein Konflikt ist ein dynamischer Prozess, der entweder in uns selbst oder mit anderen Menschen, Gruppen und Organisationen stattfindet, dem eine Geschichte, eine Entwicklung und ein **Eskalationsverhalten** zu Grunde liegt.

Um nicht der Gefahr zu erliegen, das Ausmaß einer kritischen Situation zu unter- oder überschätzen ist es hilfreich, Probleme von Konflikten und Konflikte von Katastrophen unterscheiden zu können.

Probleme, Konflikte und Katastrophen

Woran erkenne ich ein Problem?

Bei einem Problem sind der IST-Zustand und der erwünschte SOLL-Zustand nicht ausbalanciert. Das von den Kolleginnen und Kollegen und/oder der Leitung vereinbarte Ergebnis ist durch unklare Sachverhalte, Rollen und diffuse Beziehungsdynamik stärker beeinträchtigt. Allerdings stehen sich die beteiligten Personen noch wohl wollend gegenüber. Negative Gefühle sind noch nicht stark ausgeprägt. Die betroffenen Personen sind weiterhin interessiert und motiviert, sie fühlen sich angespannt. Die Sache steht im Vordergrund. Für den Fall, dass das Problem nicht verschleppt, sondern schnell bearbeitet wird, sind Verschärfungen unwahrscheinlich.

Es gibt einfache, schwierige und komplexe Probleme. Ich möchte dies an einigen Beispielen erklären.

Probleme

Ihre Kindertagesstätte hat ein großes Stück Fallschirmseide, mit dem herrliche Bewegungsspiele möglich sind. Sie haben sich vorgenommen, mit Ihrer Gruppe auf den Hof zu gehen und Bewegungsspiele zu spielen. Nach dem gemeinsamen Frühstück gehen Sie in den Keller – die Fallschirmseide ist nicht da. Stattdessen fröhliches Juchzen auf dem Hof. Die Gruppe von Frau Müller macht Bewegungsspiele. Was nun?
Eine solche Situation ist ein typisches Beispiel für ein einfaches Problem, weil eine einfache Veränderung der eigenen Planung oder die schnelle Absprache mit der Kollegin, die Bewegungsaktion mit beiden Gruppen gemeinsam durchzuführen, die fehlende Absprache korrigiert.

Schwieriger wird das Problem, wenn weitere Elemente hinzukommen. Wenn es zum Beispiel eine Absprache in der Einrichtung gibt, nach der die Benutzung der Spielgeräte, die für alle Gruppen zur Verfügung stehen, abzusprechen und auf einer Pinwand einzutragen ist. Was tun, wenn eine Kollegin gegen die gemeinsam aufgestellten Regeln verstößt? (Vorschläge zur Bearbeitung finden Sie im Kapitel 6.)

Dann gibt es die komplexen Probleme, die sich daraus ergeben, dass ständig viele Dinge zu bedenken sind, etwa die Vertretungsregelungen oder die Urlaubsplanung in Einrichtungen, die keine Ferien haben. Sind die Ansprüche der Kolleginnen und Kollegen mit kleinen Kindern oder die von Mitarbeiter/-innen mit schulpflichtigen Kindern vorrangig?
Oder wie steht es mit dem komplexen Problem, wenn eine Mutter weinend vor Ihnen sitzt, die ihre Arbeit verloren hat? Sie haben nichts ahnend dieses Problem angesprochen, sind aber zugleich im Spätdienst für eine ganze Reihe von Kindern verantwortlich, die Ihre Aufmerksamkeit benötigen, und Sie spüren den Druck der anderen Eltern im Nacken.

Alle diese Probleme müssen nicht in Konflikte münden. Sie sind Probleme unterschiedlicher Größenordnung. Wenn Sie und/oder die anderen erkennen können, dass hinter dem jeweiligen Verhalten keine böse Absicht steckt, können Sie durch Nachfragen ohne Vorwurfshaltung bzw. durch eine mögliche Entschuldigung, konfliktvorbeugend wirken.

Woran erkenne ich einen Konflikt?

In einem Konflikt kämpfen die Kontrahenten bereits darum, was und wie es IST; darum, was sein SOLL, und um mögliche Lösungen. Die Positionen sind unvereinbar, jede Seite hat das Gefühl, es geht um einen hohen Preis, um materielle oder immaterielle Schäden. Die Wellen der Emotionen schlagen hoch. Es kann bis zu Drohungen kommen. Obwohl die Konfliktparteien emotional heftig agieren, sind sie noch im Kontakt und haben ihren »Kampf« unter Kontrolle. Es sind noch keine irreparablen Schäden aufgetreten. Die Sachfrage selbst ist allerdings von Emotionen und dem Gefühl der Unvereinbarkeit, also völlig anderer Wahrnehmungen und Vorstellungen, überlagert.

Auf der strukturellen Ebene treten harte Interessengegensätze und Machtkämpfe auf. Einerseits ist die Arbeitsfähigkeit sehr eingeengt, anderseits ist der Konflikt eine Herausforderung für die Beteiligten. Die Verhärtung (s. »Konfliktspirale«) ist noch nicht so weit fortgeschritten, dass es keine gemeinsame Lösung mehr geben kann.
Auch bei Konflikten gibt es weitere Unterscheidungen in persönliche, strukturelle und strategische Konflikte.

Konflikte

Konflikte entstehen dann, wenn Gefühle im Vordergrund stehen und die Beteiligten leidenschaftlich werden. Im Konflikt stecken Engagement und Risikobereitschaft, denn den Ausgang eines Konflikts kann ich nicht vorhersehen. Zugleich meint der Begriff Konflikt auch, dass der Kontakt der Beteiligten zueinander nicht abgebrochen wird. Wir setzen uns auseinander, reiben uns aneinander und halten uns an bestimmte Regeln. Das unterscheidet den Konflikt von der Katastrophe.

Ein persönlicher Konflikt könnte sich ergeben, wenn Sie im oben dargestellten Beispiel feststellen, dass Ihre Kollegin immer darauf verzichtet, die Absprachen einzuhalten. Frau Müller greift sich die Materialien, die sie braucht, und achtet nicht auf die Planungen der Kolleginnen und Kollegen. Es kann sich aber auch ein persönlicher Konflikt daraus ergeben, dass Sie Frau Müller einfach nicht »riechen« können. Sie mögen ihre Art nicht, das Beispiel kommt Ihnen gerade recht, denn Sie haben innerlich schon ein wenig darauf gewartet, ihr einmal die Meinung zu sagen. Es kracht, aber alle wissen, dass Sie beide am nächsten Tag wieder zusammenarbeiten werden. Der Konflikt kann, je nach dem, wie er gelöst wird, Klärungen für die Beteiligten und für das ganze Team bringen.

Schwieriger wird es bei strukturellen Konflikten. Der Träger der Einrichtung will die Stelle der stellvertretenden Leiterin aus dem Überhang besetzen, und zwar mit einer Kollegin, deren Erziehungsstile und -methoden nicht zu denen Ihrer Einrichtung passen. Sie haben einen harten Interessengegensatz und geraten in ein Dilemma: Wie können Sie sich gegen die Macht des Trägers durchsetzen? Sollen Sie sich beim Träger gegen die Kollegin aussprechen oder die Entscheidung des Trägers hinnehmen und versuchen, die Kollegin zu »bekehren«?

Gleiches gilt für mögliche Rollenkonflikte zwischen Kolleginnen und Kollegen, in denen eine Beteiligte zugleich Mutter eines Kindes der Gruppe ist. Argumentiert sie jetzt als Mutter, der der Erziehungsstil der Kollegin nicht gefällt, oder als Kollegin, die konzeptionelle Fragen der Kindertagesstätte diskutiert?

Diese Diskussionen können zu strategischen Konflikten führen, also zu Konflikten, die sich aus nicht miteinander zu vereinbarenden grundsätzlichen Auffassungen ergeben.

Woran erkenne ich eine Katastrophe?

Eine Katastrophe ist zum Beispiel gekennzeichnet durch innere Kündigung, Rückzug aus dem Geschehen, Suchtverhalten, Krankheit, Schuldzuweisungen, Mobbing, Machtmissbrauch, feststehende Negativzuschreibungen. Negative Gefühle wie Misstrauen, tiefe Enttäuschung, Verletzung und Hass stehen im Vordergrund. Der Konflikt verläuft spiralförmig immer tiefer und eskaliert. Die Beteiligten reagieren schonungslos und panisch. Sie leiden zwar unter der Situation und den bereits investierten Kosten (Nerven, Gesundheit, Ansehen, Zeit), hören aber nicht auf zu kämpfen. Das Konfliktmanagementsystem ist zusammengebrochen, die Schäden sind ohne Hilfe von außen (Organisationsberater/in, Supervisor/in, Mediator/in) nicht mehr zu beheben (vgl. Roland Kunkel 1999, S. 94).

Katastrophen

Aus den Beispielen wird deutlich: Ein Konflikt ist im Grundsatz lösbar. Das unterscheidet Konflikte von Katastrophen, bei denen nicht die Akteure, also die Konfliktpartner/innen, die Regeln bestimmen, sondern bei denen negative Gefühle wie Hass, Misstrauen und Enttäuschungen sich verselbständigen und die Handlungsfähigkeit der Gruppe zerstören. Die handelnden Personen leben in unterschiedlichen Wirklichkeiten, sie reden aneinander vorbei.

Dabei unterscheiden wir zwischen persönlichen Katastrophen, zum Beispiel Angst, Depression, Krankheit, (innerer) Kündigung auf der einen Seite und sozialen Katastrophen zum Beispiel Mobbing, Machtmissbrauch oder in Kauf genommener Handlungsunfähigkeit der Einrichtung oder des Umfeldes auf der anderen Seite.

Sowohl bei persönlichen als auch bei sozialen Katastrophen benötigen Sie zwingend Hilfe von außen. Katastrophen sind mit schweren Krankheiten vergleichbar. Bei schweren Krankheiten wird üblicherweise auch der Arzt konsultiert.
Es ist wichtig, sich als Leiter/in ein Bild davon zu machen, wie

komplex die einzelnen Stufen vom Problem zur Katastrophe sind, denn sie bedürfen unterschiedlicher Aufarbeitung.
Je höher die Komplexität der einzelnen kritischen Situationen ist, umso differenzierter ist die Bearbeitung und umso mehr Zeit benötigen Sie.

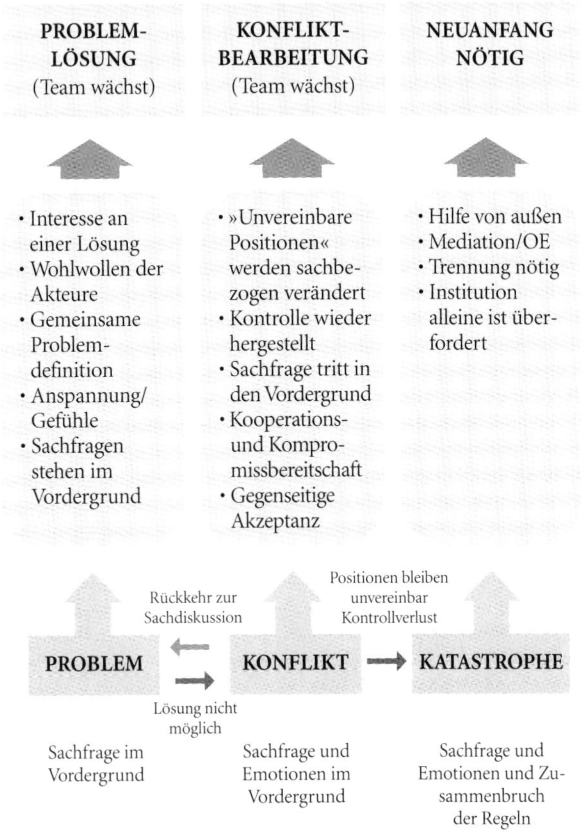

Roswitha Burchat-Harms

Wenn Menschen zusammenarbeiten, treten Konflikte auf. In der Entwicklung von Teams gibt es eine Phase, in der sie sogar selbstverständlich auftreten (müssen). Diese Phase, die so genannte Nahkampf- und Konfliktphase, die sich bei Teams an die erste Orientierungsphase anschließt, dient dem Klären von Zugehörigkeit und Führungs- und anderen Rollen. Sie ist Teil eines Entwicklungsprozesses, in dem passende Teamstrukturen und die Rollen im Team verhandelt sowie eine Streit- und Konfliktkultur eingeübt werden müssen.

Teamentwicklungsuhr, aus Pesch/Sommerfeld: Teamentwicklung

Jenseits davon treten in so genannten lauen Teams, die keine Streitkultur entwickelt haben und pflegen, Konflikte auf, die durch Verdrängung und Wegsehen in der Katastrophe enden können. Damit Konflikte nicht in Katastrophen enden, sind rechtzeitiges Erkennen der Situation und Intervenieren notwendig.

Die folgenden Beobachtungskriterien und die anschließende Übung können Sie nutzen, um von Zeit zu Zeit das vorhandene Konfliktpotenzial in Ihrer Einrichtung zu überprüfen. Berücksichtigen Sie dabei immer, in welcher Phase sich Ihr Team gerade befindet.

Anzeichen, die auf Konflikte hindeuten:

Die Kommunikation und die Beziehungen zwischen den betroffenen Personen bzw. Personengruppen verschlechtern sich.

- ❑ Die Kommunikation wird steifer und förmlicher.
- ❑ Das Wissen von anderen und über die anderen wird zunehmend weniger.
- ❑ Bei anstehenden Problemen entwickeln sich häufig unterschiedliche Ansichten.
- ❑ Entscheidungen werden immer öfter aufgrund falscher oder unvollständiger Informationen getroffen.
- ❑ Eifersucht zwischen Personen und/oder Gruppen entsteht.
- ❑ Kleine Feindseligkeiten und Sticheleien nehmen zu.
- ❑ Die Beteiligten zeigen ihre Frustration.
- ❑ Über Kleinigkeiten wird auf »Nebenkriegsschauplätzen« gestritten.
- ❑ Bei der Problemlösung wird nach Schuldigen statt nach Lösungen gesucht.
- ❑ Geringfügige Probleme werden zur Entscheidung an die Leitung bzw. an Dritte delegiert.
- ❑ Die Beteiligten berufen sich verstärkt auf Regeln und Anweisungen.
- ❑ Die Arbeitsmoral sinkt.
- ❑ Die Arbeitseffektivität lässt nach.

(nach Reinhilde Beck/Gotthart Schwarz 1995, S.115)

Übung: »Welche Probleme und welche Konflikte haben wir in unserer Einrichtung?«

Manchmal beginnt in Institutionen ein Konflikt schon beim Benutzen dieses Begriffs. Die Kolleginnen und Kollegen füllen den Begriff mit unterschiedlichen Vorstellungen und Erfahrungen, sie können sich nicht einigen. Während die eine ein Problem für etwas Schwerwiegendes hält, definiert die Zweite es als »Wehwehchen«. Andere definieren einen Konflikt als Kleinigkeit und meinen aber, ein Problem zu haben, sei etwas, das »an die Substanz geht«.
Die folgende Übung ist als Einstieg gedacht. Sie kann der Beginn einer gemeinsamen Reflexion zum Thema »Umgang mit Konflikten« in Ihrer Einrichtung sein.

Jede Kollegin bekommt so viele Karteikarten in zwei unterschiedlichen Farben, ersatzweise farbiges Papier, wie sie benötigt. Eine Farbe steht für den Begriff »Problem«, eine andere für den Begriff »Konflikt«.

Aufgabe:
Jede Kollegin schreibt auf die Karten einer Farbe Stichworte zu Situationen, die für sie ein Problem in der Einrichtung sind. Auf die Karten in der anderen Farbe kommen die Situationen, die mit dem Begriff »Konflikt« in Verbindung gebracht werden.

Im zweiten Schritt werden alle Karten nach Farben sortiert und gut lesbar aufgehängt. Alle Kolleginnen und Kollegen markieren die Karten, mit deren Zuordnung sie nicht einverstanden sind. Diese Karten werden der Reihe nach besprochen. Das Ziel ist eine Verständigung darüber, ob es sich aus der Sicht des Teams um Probleme oder um Konflikte im Sinne der Definitionen in diesem Kapitel handelt.

Wo keine Einigung möglich ist, soll das festgehalten werden, um in Auseinandersetzungen künftig darauf achten zu können. Unterschiedliche Bewertungen eines Sachverhalts behindern, wenn sie nicht bekannt und benannt sind, die Zusammenarbeit auf unverständliche Weise.

3 Alltägliche Reaktionen auf Konflikte

Als Leiter/in einer Kindertagesstätte tragen Sie die Verantwortung – sowohl für das Image nach außen als auch für das Klima nach innen. Es ist Ihre Aufgabe, eine Arbeitsatmosphäre zu stiften, die Vertrauen und Offenheit schafft, damit alle Mitarbeiter/innen ihre Fähigkeiten einbringen können. Ebenso liegt es in Ihrer Verantwortung, an der Lösung von kritischen Situationen aktiv mitzuwirken und ein Konfliktmanagementsystem in Ihrer Einrichtung aufzubauen. Das heißt: Sie können Konflikten nicht langfristig aus dem Weg gehen, ohne mit negativen Folgen für die Zusammenarbeit zu rechnen. Ihre sozialen Kompetenzen sind gefragt. Um hilfreich und unterstützend bei der Konfliktbearbeitung zu sein, benötigen Sie neben Energie und Selbstvertrauen auch die richtige Einschätzung Ihres eigenen Konfliktverhaltens. Je mehr Sie über Ihre eigenen Reaktions- und Verhaltensmuster in Konflikten wissen und daran arbeiten, umso größer wird Ihr Handlungsspielraum.

In diesem Kapitel finden Sie Anregungen und Übungen zur Selbst- und Fremdeinschätzung, mit denen Sie Ihre starken Seiten, aber auch Schwachstellen entdecken können. Sie bieten Ihnen Ansatzpunkte zum Lernen. Seien Sie bei den Übungen ehrlich zu sich selbst und den Kolleginnen und Kollegen. Denn: Mogelpackungen bleiben Mogelpackungen, ihr Inhalt ist nicht nahrhaft.

Dass wir Frauen nicht so friedfertig sind, wie wir uns gerne geben, ist Ihnen aus Ihrer Arbeit vermutlich vertraut. Dennoch wenden viele von uns reichlich Energie zur Aufrechterhaltung einer Scheinharmonie auf. Was das für den Umgang mit Konflikten in einem Arbeitszusammenhang bedeutet, in dem überwiegend Frauen arbeiten, können Sie in dem Exkurs »Was Franzi nicht gelernt hat, kann Franziska noch lernen« nachlesen.

Erste Reaktionen auf einen Konflikt

Ob im privaten oder im beruflichen Alltag, in Konfliktsituationen neigen wir spontan zu einer der folgenden Reaktionen, die unsere Haltung zu einem Konflikt ausdrückt:

Erste Reaktionen auf einen Konflikt

Oh weh, ein Konflikt!

Haben wir etwa einen Konflikt ?

Aha, ein Konflikt!

Hurra, ein Konflikt!

TESTEN SIE,
bevor Sie weiterlesen, welchem Reaktionsmuster Sie am ehesten zuneigen.

»Oh weh« – Ein Konflikt : Der Wunsch nach Rückzug

Unsere persönliche Reaktion auf einen Konflikt bestimmt die Art und Weise, wie wir mit ihm umgehen. Als Kinder lernen wir die Muster, die unsere Haltung und unser Verhalten in Bezug auf Konflikte bestimmen, jedenfalls dann, wenn wir an diesen Mustern nicht weiterhin arbeiten.
Ob in der Familie, im Kindergarten und in der Schule, viele von uns wurden mit einer Haltung groß, die lautete: Zank und Streit sind abstoßend oder hässlich; Konflikte nutzen nicht, sie schaden nur.

Unsere Lebenswirklichkeit sah und sieht allerdings anders aus. Als Kinder haben wir Streitigkeiten von Erwachsenen erlebt – ohne große Chance, diese zu beeinflussen. Auch heute noch erleben Kinder Erwachsene in Kindertagesstätten und Familien, die bei den kleinsten Konflikten schlichtend oder maßregelnd eingreifen. Dieselben Kinder erleben Erwachsene, die sich streiten und Konflikte nicht konstruktiv angehen. Bei diesen Erfahrungen ist es nicht verwunderlich, wenn die Hilflosigkeit im Umgang mit Konflikten weit verbreitet ist. Bereits wenn sich andeutet, dass unterschiedliche Auffassungen oder Interessen auftreten, und keine Seite bereit ist, zurückzustecken, werden viele von uns unruhig. »Nun streitet doch nicht immer!« Wer hat diesen Satz nicht im Ohr?

Oh weh, ein Konflikt: Diese Reaktion drückt den Wunsch nach Rückzug aus und führt nicht zur Lösung von Konflikten. Unterdrückte Konflikte kommen in anderer Form zurück und beeinflussen die Zusammenarbeit in der Institution negativ (s. kalte Konflikte).

Haben wir überhaupt einen Konflikt? Die hohe Kunst der Verleugnung

Eine besondere Form des Umgangs mit Konflikten ist ihre Verleugnung. Während die vorher beschriebene Reaktion der ängstlichen Vermeidung zumindest anerkennt, dass ein Konflikt vorhanden ist, finden wir oft auch ein anderes Muster. Der Konflikt wird geleugnet. In extremen Fällen finden wir diese Form bei misshandelten Frauen, die ihre Wunden mit dem »Sturz von der Treppe« erklären. Auch bei alltäglichen Konflikten wirkt dieses Muster. So wird in Teams, in denen die Zusammenarbeit schlecht oder gar nicht läuft, die Frage nach möglichen Konflikten häufig von Kolleginnen und Kollegen verneint, weil man »nach außen nicht schmutzige Wäsche waschen will« und nach innen die Auseinandersetzung scheut. Die Fassade wird gewahrt, die alten Probleme werden stabilisiert. Die Folge ist Stagnation im Team. Die Institution krankt im wahrsten Sinne des Wortes.

»Aha,« ein Konflikt : Mir/uns geht ein Licht auf

»Aha, ein Konflikt«, in dieser Reaktion drückt sich die Wahrnehmung und Anerkennung eines Konflikts aus. Sie ist die notwendige Voraussetzung dafür, ihn aktiv anzugehen. Die Wahrnehmung allein reicht jedoch nicht aus, zusätzlich benötigen wir Klarheit darüber,

- worum es bei dem Konflikt geht,
- ob ich/wir genügend Kraft habe/n, ihn zu bearbeiten und
- wie ich/wir ihn bearbeiten will/wollen.

Leider ist dieses Muster der Anerkennung von Konflikten nach meiner Erfahrung in Institutionen der sozialen Arbeit weniger verbreitet als die Verdrängung oder bloße Kampfeslust.

»Hurra«! ein Konflikt: Streithühner und Streithähne unter sich

Die Lust am Streit und an der Aggression sind bei vielen verborgen. Dennoch gibt es Menschen, die die Lust am Streiten oder am Konflikt im Herzen und auf der Zunge tragen. Bei den einen ist diese Lust Selbstzweck. Häufig ist der Arbeitsplatz für diese Personen der einzige Ort, an dem sie ihren Emotionen freien Lauf lassen können. Für emotional ausgehungerte Menschen sind Auseinandersetzungen am Arbeitsplatz ein Festmahl. Sie neigen zu destruktiven Formen der Auseinandersetzung und rufen damit bei anderen Menschen den Willen zum Rückzug hervor.

Für andere ist die Lust am Streit und am Konflikt ein Beitrag zur konstruktiven Entwicklung im Kontakt mit Menschen. Sie sind streitbar, aber auch konstruktiv und zugewandt.

Ob jemand ein Streithuhn oder Streithahn ist, das oder der auf Kosten anderer agieren will, oder eine lustvolle Streiterin, die am Gegenüber und an der Entwicklung der Beziehungen,

Ideen und Ziele interessiert ist hängt davon ab, wie viel Selbstvertrauen und Selbstachtung jemand hat. Denn auch im Konflikt gilt: Nur wer sich selber achtet, kann andere achten.

»Vom blinden Huhn zur wachen Henne«

Um sich in Konfliktsituationen besser einschätzen zu können, benötigen Sie die Rückmeldung von anderen. Ein kluger Mensch hat einmal gesagt, wir sind nicht das, was wir zu sein glauben, sondern das, was andere Menschen in uns sehen. Das bedeutet, ohne Auseinandersetzung mit anderen, ohne Feedback wären unsere Prozesse des Lernens und der Einflussnahme unterbunden.

Wir alle haben verschiedene Bereiche unserer Person (Werte, Haltungen, Interessen, Bedürfnisse und Verhaltensweisen), die uns selbst und anderen bekannt sind, weil wir uns damit auseinander setzen und sie anderen mitteilen. Wir haben ein Bild von uns, andere Menschen nehmen uns wahr. Insbesondere dann, wenn wir uns schützen wollen, reagieren wir anderen Menschen gegenüber geheimnisvoll, indem wir nicht alles preisgeben, was wir über eine bestimmte Situation wissen und wie wir uns darin fühlen. Außerdem gibt es Bereiche, Gefühle und Ausdrucksformen in und an uns, die wir selbst nicht zur Kenntnis nehmen, die aber dennoch für andere Menschen sichtbar sind, die so genannten blinden Flecken. Sie kommen in der Fremdwahrnehmung, im Kontakt mit anderen ins Spiel. In Konflikt- und Stresssituationen tritt dieser Bereich oft in den Vordergrund. Unsere Körpersprache, die Art und Weise, wie wir uns geben, »verrät« dann manchmal mehr als Worte, was dazu beitragen kann, bei unserem Gegenüber Energien freizusetzen, die uns in konflikthafte Situationen bringen. Mit anderen Worten, die Arbeit an unseren blinden Flecken macht uns kompetenter im Umgang mit Konflikten.

Diese Zusammenhänge verdeutlicht das »Johari-Fenster«, das sie in idealtypischer Weise in der folgenden Grafik darstellt:

	Dem Selbst bekannt	Dem Selbst nicht bekannt
Anderen bekannt	I. Bereich der Offenheit	II. Bereich des blinden Flecks
Anderen nicht bekannt	III. Bereich des Vermeidens und Verbergens	IV. Bereich des Unbekannten

In einer neuen Gruppe oder unter Menschen, die einander nicht gut kennen, ist der Quadrant I klein, weil der Bereich des Verbergens und Vermeidens groß ist. Wenn sich die Gruppe besser kennen lernt oder über ein bewusstes Training ihre Kompetenzen vergrößert, schrumpft der Bereich III, der Bereich I wächst. Das Ziel des gemeinsamen Lernens in der Gruppe sollte immer sein, den Bereich des bewussten Handelns, der freien Aktivität zu vergrößern. Die blinden Flecken schrumpfen, weil die Rückmeldung meiner Partner/innen mir Auskunft über meine blinden Flecken gibt. Der Bereich IV ist allerdings, weil durch unbewusste Prozesse gesteuert, dem persönlichen Training nicht zugänglich. Dort beginnt die therapeutische Arbeit.

Wahrscheinlich sind Ihnen Konflikte und Auseinandersetzungen bekannt, in denen heftig mit Du-Botschaften reagiert wird. »Du provozierst mich«; »Du reagierst immer so«; »Du bist ständig beleidigt«; »Du bist unzuverlässig«. Diese Form der Auseinandersetzungen und Zuschreibungen weisen auf Projektionen hin. Auch hierbei handelt es sich um ein unbewusstes Verhalten. Beim Projizieren werfen wir unverarbeitete Anteile von uns gleichsam wie Dias auf die andere Person. Wir spiegeln der anderen Person unbewusst etwas, was wir an uns selbst nicht mögen. In Konflikten zeigt sich deshalb auch häufig:

Die Weisheit des Spiegels
(Christoph Thomann 1998, S.258)

1. Spiegelgesetz
Alles, was mich am anderen stört, ärgert, aufregt, in Wut und Rage versetzt und was ich an ihm/ihr anders haben will, habe ich selbst in mir.

2. Spiegelgesetz
Alles, was der andere an mir kritisiert, bekämpft und verändern will und was mich gefühlsmäßig trifft, verletzt, betrifft mich und ist in mir noch nicht erlöst.

3. Spiegelgesetz
Alles, was der andere an mir kritisiert, mir vorwirft, an mir bekämpft oder anders haben will, was mich nicht emotional berührt, ist sein eigenes Bild, sein eigener Charakter, seine eigene Unzulänglichkeit, die er/sie auf mich projiziert.

4. Spiegelgesetz
Alles, was mir am anderen gefällt, was ich an ihm/ihr mag oder liebe, habe ich selbst in mir, bin ich selbst und liebe dies im anderen. Ich erkenne mich selbst im anderen, und wir sind in diesen Punkten eins.

Die anschließenden Übungen können Sie beliebig nutzen, um mehr Bewusstheit über Ihre persönlichen Reaktions- und Verhaltensmuster und die in Ihrem Team zu erlangen. Irritationen, die aufgrund von Rückmeldungen bei Ihnen auftreten, sind wertvoll. Nutzen Sie sie zur Selbstreflexion. Das heißt nicht, dass Sie sich »jeden Schuh anziehen« müssen.

Übung zur Selbst- und Fremdwahrnehmung der Reaktionsmuster auf Konflikte

Die Übung können Sie als Partnerübung mit einer Person Ihres Vertrauens durchführen oder im Team, das mit Übungen vertraut ist. Dabei soll die Partnerwahl frei erfolgen.

Ablauf:
1. Schritt: Geben Sie Ihrer Partnerin eine Rückmeldung, welchem Reaktionsmuster Sie ihn oder sie nach Ihrer Wahrnehmung zuordnen:

- Oh weh, ein Konflikt!
- Haben wir etwa einen Konflikt?!
- Aha, ein Konflikt!
- Hurra, ein Konflikt!

Ihre Partnerin soll in dieser Übung nur zuhören. Vermeiden Sie Wertungen, beschreiben Sie aus Ihrer Sicht.

2. Schritt: Stellen Sie Ihrer Partnerin nun vor, was aus Ihrer Sicht geschähe, wenn sie ihr vorherrschendes Reaktionsmuster deutlich verstärken würde. Welchen Nutzen würde sie daraus ziehen, welchen Nutzen sehen Sie für die Institution? Welcher Schaden könnte entstehen?

3. Schritt: Stellen Sie Ihrer Partnerin vor, was geschehen würde, wenn sie ein entgegengesetztes Verhalten (Konfliktvermeidung statt Lust auf Konflikte, sachliches Beschreiben statt Verleugnung oder umgekehrt) an den Tag legen würde. Welcher Nutzen entstünde für sie selbst, welcher für die Institution? Welcher Schaden könnte entstehen?

4. Schritt: Bitten Sie Ihre Partnerin um Rückmeldung, ob sie sich zutreffend beschrieben fühlt und in welchen Punkten sie eventuell eine andere Wahrnehmung hat.
Nach diesen vier Schritten führen Sie die Übung mit vertauschten Rollen durch.

Wichtig: Es geht nicht um richtig oder falsch. Es geht darum, Handlungsalternativen zu erkennen und sich bewusst zu machen, dass andere an uns etwas wahrnehmen können, das uns möglicherweise nicht vertraut ist. Nehmen Sie Wahrnehmungsunterschiede als Angebot zur persönlichen Weiterentwicklung.

Bedenken Sie, dass Ihre Wahrnehmung auch durch Ihre Reaktionsmuster auf Konflikte beeinflusst wird. Wer selbst zum Streit neigt, unterschätzt den möglichen Schaden dieses Musters; wer zur Konfliktvermeidung tendiert, überhöht die möglichen negativen Folgen eines Streits.

Übung: Welcher Streittyp bin ich?

Wir werden nicht als konfliktfähige Wesen geboren. Konfliktfähigkeit zu erwerben ist ein mehr oder weniger schmerzhafter Lernprozess. Manchmal beißen wir, manchmal werden wir gebissen; manchmal bekommen wir Gift ab, manchmal verspritzen wir Gift. Manchmal ziehen wir uns in unser Schneckenhaus zurück oder unser Gegenüber tut es. Zeitweilig sind wir schlau wie der Fuchs, manchmal ducken wir uns wie die Maus, zuweilen gelingt es uns, ähnlich wie den Delphinen, im Rhythmus mit den anderen zu schwimmen.

Kommen Ihnen diese Redewendungen und Situationen bekannt vor?

Für die beschriebenen Arten des Verhaltens stehen bestimmte Streittypen, die sich im Streit entweder nur an ihren eigenen Belangen orientieren oder auch die Belange ihres Gegenüber mit einbeziehen. Anders ausgedrückt, es gibt Menschen, denen es vor allem darum geht, zu gewinnen, was zur Folge hat, dass es einen Verlierer geben muss. Dann gibt es Menschen, die aus vermeintlicher Rücksichtnahme, weil sie konfliktscheu sind, die Opferrolle annehmen. Wobei oft aus dem Blickfeld verschwindet, dass Menschen nicht nur Opfer, sondern auch Täter sind – es kommt immer auf den jeweiligen Kontext an. Außerdem treffen wir ab und an auf jene, die sowohl ihre eigenen Ziele als auch die ihrer Kontrahenten für legitim und erstrebenswert halten.

Stellen Sie sich vor, Ihre Kindertagesstätte ist ein Zoo. Welche Tiere mit welchen der beschriebenen Konflikteigenschaften finden Sie vor? Welche Qualitäten benötigt eine Tierpflegerin oder ein Tierpfleger in diesem Zoo, um mit den Tieren auszukommen?

Nutzen Sie Stofftiere oder Bilder von folgenden Tieren:

Schlange	steht dafür, Gift zu spritzen, sich im Konflikt zu winden, nicht eindeutig zu sein;
Löwe	steht dafür, zu beißen, zu kämpfen, anzugreifen
Schnecke	steht dafür, sich zu verkriechen, gar nichts zu tun, »dichtzumachen«;
Fuchs	steht dafür, sich anzuschleichen, sorgfältig zu beobachten, schlau zu sein und möglichst nicht zu kämpfen;
Delphin	steht dafür, einen gemeinsamen Rhythmus mit anderen zu finden, sich trotz Wind und Wellen nicht von den anderen trennen zu lassen. Steht für den Tanz in den Gezeiten.

Sie benötigen mehrere Tiere bzw. Bilder der unterschiedlichen Streittypen, zwei Beobachter/innen und eine Tierpflegerin/einen Tierpfleger.

Verteilen Sie die Tiere bzw. die Bilder im Raum, mit der Aufforderung, jede/r möge sich ein Tier aussuchen, das ihrem/seinem jeweiligen Streittyp entspricht. Es muss mehr Bilder als Teilnehmer/innen geben, damit eine freie Auswahl stattfinden kann.

Bevor alle mit der Aktion beginnen, sollten zwei Beobachter/innen ausgewählt werden, die das Geschehen genau beobachten, außerdem eine Tierpflegerin. Nahrung ist im Zoo zurzeit Mangelware. Die Tierpflegerin hat nur eine Tüte Erdnussflips in einer Schüssel zur Verfügung. Diese Schüssel hält sie den Tieren hin, die dann um ihre Nahrung streiten müssen.

Die Beobachter/innen machen sich Notizen über das jeweilige Verhalten. Spielen Sie maximal zehn Minuten. Anschliessend tauschen sich zuerst die Akteure über ihre Empfindungen unter folgenden Gesichtspunkten aus:

- Weshalb habe ich dieses Tier gewählt?
- Wie habe ich mich in der Rolle gefühlt, wie ging es mir während des Spiels?
- Welche Vor- und Nachteile hat dieses Verhalten für mich?
- Welche Auswirkungen hat das jeweilige Verhalten auf die Kooperation?
- Was habe ich über mich erfahren?

Anschließend teilen die Beobachter/innen ihre Wahrnehmungen zu den einzelnen Personen mit und berichten, wie das Gesamtgeschehen auf sie gewirkt hat.

Überlegen Sie gemeinsam, was für alle in dieser Situation die beste Lösung gewesen wäre.

Achtung: Die einzelnen Personen erfahren nur dann mehr über sich, wenn sie sich wirklich in die Rolle eines hungrigen Tieres hineinversetzen. Falls sie versuchen, sich von der scheinbar besten Seite zu zeigen und nicht ihren wirklichen Impulsen zu folgen, bemogeln sie sich und die anderen.

Eine ähnliche Übung mit dem Titel »Die Klimakarte des Teams« finden Sie im TOP-Band zur »Teamentwicklung« (S. 32).

Exkurs: »Was Franzi nicht gelernt hat, kann Franziska noch lernen!«

In Kindertagesstätten arbeiten überwiegend Frauen. Männliche Erzieher sind selten. Frauen haben andere Strategien, Konflikte zu bewältigen, als Männer. In der weiblichen Erziehung dominiert nach wie vor der Wunsch nach Harmonie und gilt das Leitbild der Konfliktschlichterin.

Mädchen wurden und werden oft noch dazu erzogen, Streit und Konflikte zu vermeiden. Nur ein braves Mädchen ist ein »richtiges« Mädchen, laute Mädchen gelten als zickig. Nur nicht durch Konflikte auffallen, das ist die für Mädchen bestimmte Devise. Ermutigung und Unterstützung für ein konstruktives Streiten ist nicht Bestandteil des alltäglichen »Lehrplans« der Mädchenerziehung.

Jungen werden – anders als Mädchen – eher darin unterstützt, mit anderen ihre Kräfte zu messen, denn wenn aus einem Jungen mal ein »ordentlicher Mann« werden soll, so die häufig vertretene Meinung, muss er schon früh lernen, sich durchzusetzen und seine Angst zu leugnen. Eines sollte er nach Möglichkeit nicht: sein Schutzbedürfnis zeigen. Deshalb werden viele Jungen immer noch nach dem Motto erzogen: Gefühle zu haben ist das eine, aber sie öffentlich zu zeigen ist nicht erlaubt. Weinen ist etwas für kleine Mädchen und »hysterische« Frauen. Ein kleiner, erst recht ein großer Mann weint nicht.

Vor diesem gesellschaftlichen Hintergrund ist eine Haltung erwachsen, die in Organisationen und Institutionen zu einem fatalen Konsens geführt hat: »Gefühle haben am Arbeitsplatz nichts zu suchen!«

Obwohl wir alle Gefühle haben und Gefühle Teil jedes Konflikts sind, konnten und können Mädchen in den meisten Familien nicht lernen, Konflikte offen auszutragen. Das weibliche Leitbild der Harmonie, das die Gesellschaft geprägt hat, beeinflusst auch unsere Fähigkeit, Konflikte produktiv auszutragen. Es dominieren harmonisierende Strategien, mit denen die Kolleginnen und Kollegen den Alltag bewältigen. Unterschiedliche Interessen werden moralisierend gegeneinander gehalten. Alle sollen sich gut verstehen. Der Umgang miteinander ist durch Vorsicht geprägt. Wenn eine Kollegin mal laut wird, ist, heißt es oft: »Sei doch nicht so aggressiv!« Die eigentliche Kritik, die sich in lebhafter Form äußert, tritt damit in den Hintergrund. Die Verpflichtung, die scheinbare Harmonie und Gleichheit aufrechtzuerhalten, lässt die inhaltlichen Differenzen, deren Bearbeitung für die Entwicklung eines Teams von Nutzen wäre, schnell ins Abseits geraten.

»Sei mir bitte nicht böse« oder »Ich will Dir ja nicht zu nahe treten« – solche Formulierungen signalisieren die Sorge, andere zu verletzen, und beinhalten gleichzeitig die Botschaft: »Bitte verletze mich nicht!«. Die Vermeidung spürbarer Lebendigkeit, die in jedem Konflikt enthalten ist, und die auf dieser Vermeidung basierende Scheinharmonie führen in weiblich besetzten Institutionen schnell zur Suche nach einem Außenfeind. Damit der vermeintliche Friede in der eigenen Einrichtung gewahrt bleibt, ist die »böse männliche Welt« außerhalb schuld an den Problemen. Noch bevor in kritischen Veränderungssituationen gefragt wird, was der eigene Anteil am Geschehen sein könnte, sind der Träger, das Amt, der Stadtrat etc. schuld (s. Kapitel 5). Die Vorsicht von Frauen im Umgang miteinander bindet viele Energien, die sowohl die realen Unterschiede in den Haltungen und Wünschen als auch die realen Übereinstimmungen verschleiert. Im Verpacken von Kritik und in der Vermeidung von Konflikten umgehen es Frauen, mit ihren Anliegen und Stärken sichtbar zu werden. Voraussetzung für eine konstruktive Konfliktbearbeitung ist aber, sich als Person mit den eigenen Gedanken und Gefühlen zu zeigen. Indem ich sichtbar werde, werde ich angreifbar. Darin steckt nicht nur eine Gefahr, sondern auch die Chance, in wirklichen Kontakt mit meinem Gegenüber zu kommen und sich gegenseitig von Ideen, Meinungen und Gefühlen berühren und beeinflussen zu lassen. Das ist die Basis für eine fruchtbare Zusammenarbeit und für Wachstum auf der persönlichen und institutionellen Ebene.

Auch unsere männlichen Kollegen glänzen nicht unbedingt mit produktiver Konfliktbewältigung. Sie sollten nicht das Modell sein. Mir geht es darum, Sie zu ermuntern, an einer Konfliktkultur und Konfliktfähigkeit zu arbeiten, die lebendig und versöhnlich sind. Auch für den Umgang mit Konflikten gilt:

Es tut nichts weher,
als sich selbst zu
überwinden.
Es tut aber nichts wohler,
als sich selbst überwunden zu haben.

SEUSE

Übung: geschlechtsspezifische Konfliktlernmuster

Überprüfen Sie nun Ihre Lernmuster in Konflikten. Dazu nehmen Sie sich ein Blatt Papier und 20 Minuten Zeit. Bearbeiten Sie zunächst allein folgende Fragen unter geschlechtsspezifischen Gesichtspunkten.

1. Schritt: Wie waren Sie als Mädchen oder Junge in der Altersphase von sechs bis neun Jahren?

- Welche Leidenschaften hatten Sie?
- Was haben Sie gerne gemacht?
- Welche Spielgefährtinnen hatten Sie?
- Wie haben Sie mit ihnen oder mit Ihren Geschwistern gestritten?
- Wie haben Ihre Eltern, Verwandte und andere Erwachsene auf die Art Ihres Streitens reagiert?

2. Schritt: Wie waren Sie als Mädchen oder Junge in der Altersphase von neun bis 14 Jahren?

- Welche Leidenschaften hatten Sie?
- Was haben Sie gerne gemacht?
- Welche Spielgefährtinnen hatten Sie?
- Wie haben Sie mit ihnen oder mit Ihren Geschwistern gestritten?
- Wie haben Ihre Eltern, Verwandte und andere Erwachsene auf die Art Ihres Streitens reagiert?

Gibt es »typische« Erfahrungen? Welche geschlechtsspezifischen Unterschiede und Übereinkünfte fallen auf? Erkennen Sie einen Zusammenhang zwischen der Art und Weise, wie Erwachsene in Ihrer Kindheit und Jugend auf Konflikte reagiert haben und Ihren Reaktionsmustern?

Wenn Ihr Team damit einverstanden ist, eignet sich diese Übung sehr gut für die Gruppenarbeit. Sie fördert, bei sorgfältigem Umgang damit, das Verständnis für einander. Über die Ergebnisse sollten Sie sich in Gruppen zu dritt austauschen. Erkennen Sie gemeinsame Erfahrungen? Welche Unterschiede finden Sie zwischen den Kolleginnen und Kollegen und zwischen Männern und Frauen?

Diese Übung zeigt Ihnen, in welchem Maße Ihre Reaktionen auf Konflikte durch die Erfahrungen in Kindheit und Jugend geprägt sind. Je mehr Sie über Ihre gelernten Konfliktmuster in Erfahrung bringen, umso besser können Sie sich von den inneren Stimmen, die eine Konfliktaustragung hemmen, verabschieden. Das kann die Stimme der Mutter, des Vaters, der Erzieherin, des Lehrers, der Großmutter oder die Stimme anderer Erwachsener sein, die Sie entweder darin bestärkt oder davon abhält, laut oder leise, offen oder zurückhaltend Konflikte auszutragen.

»Wasch' mich, aber mach mich nicht nass« – Kritik unter Frauen

Kritik zu äußern und entgegenzunehmen, das sind neuralgische Punkte in der Zusammenarbeit von Frauen, die der konstruktiven Veränderung bedürfen. Einerseits gibt es aufgrund mangelnder Rückmeldung oft den Wunsch nach Kritik, andererseits treten im Fall real geäußerter Kritik häufig unliebsame Irritationen auf, was nicht selten zur Folge hat, dass die Kritik abgewertet wird. Kritiken treffen – ob gerecht oder ungerecht – immer auf eine emotionale Grundlage, auf der sie bearbeitet werden müssen. Zeitweilig gären sie dort länger, was in der Zusammenarbeit wiederum zu Problemen und Konflikten führen kann.

Als Leiter/in werden Sie immer wieder in Situationen kommen, in denen Sie Kritik anhören und aussprechen müssen. Die Kenntnis über die eigenen Reaktionsmuster beim Anhören von Kritik ist deshalb Teil des Erlernens eines guten Konfliktmanagements. Deshalb ist die folgende selbstreflektierende Übung auch für die Männer in den Kindertagesstätten gedacht. (Übungen zum Loben und Kritisieren finden Sie im Kapitel Konfliktmanagement.)

Übung: »Am Boden zerstört oder mit der Faust auf den Tisch?«
Was empfinden Sie bei (unberechtigter) Kritik?
(nach Gisela Hagemann 1993, S. 94-95)

Diese Übung hilft Ihnen, sich selbst besser darüber klar zu werden, welche gefühlsmäßigen Reaktionen (unberechtigte) Kritik bei Ihnen auslöst. Sie wird Sie dafür sensibilisieren, anderen ein größeres Einfühlungsvermögen entgegenzubringen, was die Voraussetzung für eine lösungsorientierte Konfliktbearbeitung ist.

Ablauf:
Nehmen Sie ein Blatt Papier und notieren Sie, bevor Sie weiterlesen, wie Sie auf (unberechtigte) Kritik reagieren.

Erinnern Sie sich an die Situation, in der Sie sich zuletzt über eine Kritik geärgert haben? Wer sagte was? Was davon hat Sie getroffen? Warum fühlten Sie sich verletzt? Vergleichen Sie dann Ihre Antworten mit den folgenden Angaben.

Üblicherweise finden wir drei Reaktionsformen vor:
Flucht:
Sich die Kritik zu Herzen nehmen und sich deprimiert zurückziehen.
Kampf:
Den Gegenangriff starten.
Physisches Abreagieren:
Sich körperlich abreagieren und/oder in die Hausarbeit stürzen.

Fluchtreaktionen: Ich fühle mich ...

abgewiesen ❑	unsicher ❑	wertlos ❑	
mutlos ❑	am Boden zerstört ❑		frustriert ❑
dumm ❑	bitter ❑	deprimiert ❑	
enttäuscht ❑	verletzt ❑	missverstanden ❑	
wie gelähmt ❑	machtlos ❑	verwirrt ❑	

blockiert ❏ besiegt ❏ ungeliebt ❏
klein gemacht ❏

Kampfreaktionen: Ich bekomme eine negative Einstellung zur Sache und zur Person.
Ich trete der »Zicke« ans Schienbein. ❏
Ich werde wütend. ❏ Ich werde verärgert. ❏
Ich hasse. ❏ Ich werde aggressiv. ❏

körperliches Abreagieren:
Ich schlage mit der Faust auf den Tisch. ❏
Ich wasche Geschirr ab. ❏
Ich bekomme einen Putzfimmel. ❏
Ich jogge ein paar Runden. ❏
Ich fahre Rad. ❏
Ich gehe ins Fitnessstudio. ❏
Ich trinke ein Glas Bier oder Wein. ❏
Ich »dröhne« mich mit Musik zu. ❏

Diese Übung ist nicht nur für Sie gedacht. Sie sollten Sie auch Ihren Kolleginnen und Kollegen empfehlen. Machen Sie es von den Kommunikationsformen in Ihrer Einrichtung abhängig, ob Sie sich über die Ergebnisse austauschen. Wenn die Teamsituation von Respekt und Achtung getragen ist, bietet sich ein Austausch an.

4 Konfliktdiagnose

Konfliktarten

Es gibt verschiedene Arten von Konflikten. Eine einheitliche Theorie über Konfliktarten gibt es nicht, wird es bei einer so komplexen Thematik vermutlich auch nicht geben. Was uns aber bei der Betrachtung von Konflikten und beim Umgang mit ihnen hilft, ist, uns klar zu machen, wofür die Konfliktbeteiligten ihre Energie verwenden. Anders ausgedrückt, worum und wofür sie streiten.

Arten von Konflikten

Territoriumskonflikt:
»Hau ab!« »Dieser Raum ist meiner!«

Besitzkonflikt:
»Gib das her!« »Dieses Spielgerät ist meins!«

Religionskonflikt:
»Unser Gott ist der wahre!« »Mein pädagogischer Ansatz ist der Richtige!«

Positionskonflikt:
»Wer ist der Größte?!« »Ich bin die bessere Pädagogin!«

Normenkonflikt:
»Was gilt hier?!« »Hier wird nach meinen Vorstellungen gearbeitet!«

Rivalitätskonflikt:
»Wen mag sie mehr?« »Wen mag die Leiterin lieber?«

Ablösungskonflikt:
»Ich gehe jetzt!« »Ich kündige!«

(In Anerkennung an Wolfgang Looss 1994, S.21)

Der Konflikt, den die meisten Menschen kennen, ist der Territoriumskonflikt. Bei diesem geht es darum, ein Territorium, einen Raum, zu erobern oder zu verteidigen. Dabei kann es sich um einen tatsächlichen Raum handeln, aber auch um einen Raum im übertragenen Sinne. In der Kindertagesstätte kann die Auseinandersetzung um die Verteilung der Gruppenräume mit und ohne Gartenzugang ein solcher Konflikt sein. Territoriumskonflikte sind deshalb problematisch, weil es immer Vertriebene gibt, die sich langfristig nicht zufrieden geben werden, wenn der Konflikt nicht in eine von allen Beteiligten getragene Lösung mündet.

Mit dem Territoriumskonflikt verwandt ist der Besitzkonflikt. Hier geht es um den Besitz oder die Nutzung von Gegenständen. Er kann sich an der Nutzung von Spielgeräten, an der Ausstattung der Räume oder an so genannten »Besitzständen«, also bestimmten Privilegien Einzelner, entzünden.

Der Begriff Religionskonflikt steht für ideologische Konflikte oder solche um die vermeintlich richtige Lehre/Wahrheit.

Religionskonflikte sind häufig besser zu erkennen, wenn wir für den Begriff »Religion« den Begriff »Besitz der Wahrheit« setzen. Meine Pädagogik ist die richtige, meine Ansichten sind die besseren, ich bin im Besitz der selig machenden Lösung.

Eng damit verwandt sind die Normenkonflikte; Konflikte um die geltenden Regeln. Die Frage, ob die Kinder mittags schlafen müssen, kann ein solcher Konflikt sein. An solchen praktischen Fragen werden die Normen in der Einrichtung fassbar. Wenn es dazu unterschiedliche Auffassungen gibt, kann es zu Normenkonflikten kommen.

Normenkonflikte sind nicht zu trennen von den Positionskonflikten. Bei diesen geht es um die Fragen: Wer setzt sich durch, wer ist der/die Stärkste? Positionskonflikte finden wir am häufigsten und deutlichsten in männlich dominierten Umwelten, in der Politik, der Wissenschaft, der Verwaltung und dem Militär. Aber auch in der Kindertagesstätte sind diese Konflikte vorhanden. Sie entzünden sich zum Beispiel an folgenden Fragen: Wer setzt sich mit welchen Inhalten und Meinungen durch?

Wer redet als Erste in der Dienstbesprechung? Wessen Meinung zählt am meisten, wenn der Termin des Sommerfestes festgelegt wird?

Positionskonflikte können entstehen, wenn eingeschliffene Positionen in Frage gestellt und Machtverhältnisse verschoben werden sollen. Bei der Bearbeitung dieser Konflikte ist es – wie bei der von allen anderen auch – wichtig, einzelnen Kolleginnen und Kollegen keinen Sonderstatus zu gewähren. Ihre »Sympathiekarte« sollten Sie im Konflikt auf gar keinen Fall ausspielen! Wenn Sie nicht unvoreingenommen bleiben können, beziehen Sie neutrale Personen in die Konfliktbearbeitung ein.

Häufig in der praktischen Arbeit und problematisch im Umgang sind Rivalitätskonflikte. Das sind Konflikte, in denen es darum geht, Zuwendung zu bekommen. Das kann zum Beispiel im Buhlen um die Zuwendung der Leiter/in zum Ausdruck kommen. Eifersucht und Probleme mit dem eigenen Selbstbewusstsein spielen in dieser Form der Konflikte eine zentrale Rolle. Kennen Sie das Gefühl, wenn die Elternvertreterin von der Kollegin schwärmt, obwohl Sie bei der Aktion auch dabei waren? Das Gefühl, dass Ihre Arbeit nicht genügend gewürdigt wird oder die liebste Kollegin sich von Ihnen abwendet? Das alles ist der Stoff, aus dem Rivalitätskonflikte entstehen können.

Rivalitätskonflikte, in denen das Streben nach Aufmerksamkeit und Zuwendung stark in den Vordergrund tritt und nicht mehr die Belange der gemeinsamen Arbeit Maßstab der Beziehung sind, weisen auf ein unverarbeitetes Problem der Persönlichkeit hin. In einem solchen Fall benötigen die Personen therapeutische Hilfe. Ohne Unterstützung von außen können Kolleginnen und Kollegen, die die Arbeit nur vor dem Hintergrund der Beziehungsintensität interpretieren, nicht zu einer sachbezogenen Zusammenarbeit finden. Rivalitätskonflikte, die sich aus dieser Quelle speisen, überfordern Ihre Kraft als Leiter/in und die des Teams. Ihre Unterstützung kann darin bestehen, die Kolleginnen und Kollegen liebevoll zu ermutigen, sich Hilfe zu holen.

Anders ist es bei Rivalitätskonflikten, in denen die Aufgabe und die gemeinsame Arbeit nicht aus dem Blickfeld geraten. Die Beziehungsebene ist immer Basis unserer Handlungen. Wir alle wollen geachtet, geliebt und mit unserer Arbeit wahrgenommen werden. Deshalb sollten Sie sich auch im Falle von Rivalitätskonflikten immer fragen, ob Ihr Resonanz-Verhalten ausreicht. Bekommen die am Konflikt beteiligten Kolleginnen und Kollegen tatsächlich Anerkennung für ihre gemeinsame und individuelle Arbeit, Initiativen, Ideen etc.? Beklagen sie vielleicht zu Recht, dass die Früchte ihrer Arbeit nicht genügend gewürdigt werden?

Es ist Aufgabe der Leitung, ein Klima zu schaffen, in dem Lob und Kritik, das Aussprechen von Wünschen und ein offener Umgang mit Schwächen und Fehlern nicht nur erlaubt, sondern erwünscht sind. Fragen Sie also nach, wie sich die Kolleginnen und Kollegen in der Arbeit fühlen, welche Unterstützung sie benötigen und welche Unterstützung sie anderen (zum Beispiel auch Ihnen) geben können. Respektieren Sie dabei die Grenzen, die Ihre Mitarbeiter/innen setzen.

Ist es erst einmal so weit gekommen, dass Menschen sich in die Enge getrieben fühlen, führt dies unter Umständen zu einem Ablösungskonflikt.

Ablösungskonflikte sind Konflikte, in denen Kolleginnen und Kollegen mit Weggang/Kündigung drohen. Die Aussage »Ich gehe jetzt«, »Ich verlasse Dich/Euch« kann sowohl Reaktion auf ein Problem als auch Anlass für heftige Konflikte sein. Sie kann starke Emotionen freisetzen, wenn sie beim Gegenüber als Drohung oder Erpressung wahrgenommen wird. Mitarbeiter/innen, die häufig mit Weggang drohen und dann doch bleiben, liefern sich der Gefahr aus, nicht mehr ernst genommen zu werden. In solchen Fällen ist Eindeutigkeit von ihnen einzufordern bzw. ist auf die Gefahren deutlich hinzuweisen.

In Konflikten, die sich zuspitzen und eskalieren, überschneiden sich häufig mehrere Aspekte. So kann aus einem Positionskonflikt ein Rivalitätskonflikt und umgekehrt werden. Ähnlich ist es mit dem Normen- und Positionskonflikt. Dennoch lohnt es beim Auftreten von Konflikten, genauer hinzuschauen, um welche Art es sich möglicherweise handelt. Je präziser Sie unterscheiden können, mit welcher Art von Konflikt Sie es zu tun haben, umso differenzierter können Sie darauf reagieren.

Dimensionen von Konflikten

»Kopf oder Bauch – das ist nicht die Frage« – Erste Dimension von Konflikten:

Alle Konflikte haben eine Sachebene und eine Beziehungs-/Gefühlsebene. Häufig erleben wir, dass in Konflikten die Sachlichkeit besonders in den Vordergrund gestellt wird. Sätze wie: »Frau Kollegin, nun werden Sie mal wieder sachlich!« oder »Wir sind hier, um ein Arbeitsproblem zu lösen, und nicht, um Gefühlsduselei zu betreiben!« verkennen, dass es einen Konflikt ohne Gefühle nicht gibt. Für manche Menschen (vorwiegend Männer) ist es leichter, mit dem sachlichen Teil eines Konflikts umzugehen. Andere (stärker Frauen) bewältigen den Konflikt über die emotionale Seite. Entscheidend ist, dass wir uns nicht spiralförmig verhärten und in die Eskalation begeben. Die sachorientierte Seite bei der Konfliktbearbeitung fragt nach Daten, sammelt Informationen darüber, was war und was ist. Beides, Sach- und Gefühlsebene, als elementare Bestandteile von Konflikten anzuerkennen, ist eine notwendige, wenn auch nicht hinreichende Voraussetzung für den konstruktiven Umgang mit Konflikten.

»Von kalten Füßen und heißen Köpfen« – Zweite Dimension von Konflikten:

Die zweite Dimension ist der Zustand der Konflikte. Wir kennen kalte und heiße Konflikte. Kalte Konflikte sind solche, die lange zurückliegen. Niemand greift sie gern auf, es sei denn, um damit zu drohen. In der Geschichte ist uns diese Form des Konflikts auch als »Kalter Krieg« oder als »Gleichgewicht des Schreckens« bekannt. Auf der institutionellen oder privaten Seite sind wir hier bei den so genannten »Leichen im Keller«. Kalte Konflikte halten in gewisser Weise das Gefüge in der In-

SACHEBENE

BEZIEHUNGSEBENE – GEFÜHLSEBENE

stitution stabil, aber eben nur, weil mit dem Konflikt gedroht werden kann. Die Arbeitsatmosphäre zwischen den Beteiligten ist im wahrsten Sinne des Wortes kalt bis frostig. Unausgesprochene Kränkungen oder Wünsche führen zum Einfrieren der Kommunikation und verhindern eine produktive Weiterentwicklung des Teams.

Grundsätzlich können Konflikte nur bearbeitet werden, wenn sie (gefühlsmäßig) warm sind. Wenn eine alte Kollegin mit störenden Eigenheiten, die das Team bei anderen nicht tolerieren würde, demnächst in Rente geht, sollte man sich fragen, ob sich alle wirklich noch auf einen Konflikt mit ihr einlassen sollten. Wenn es aber um einen Konflikt geht, für den die Kollegin nur stellvertretend steht, wenn ihr die »Macken« nur zugeschrieben werden, damit die Institution und die Kolleginnen und Kollegen sich nicht verändern müssen, dann ist es *nicht* sinnvoll, die Konfliktbearbeitung hinauszuzögern. Doch Vorsicht: Kalte Konflikte sollten Sie nur zum Leben erwecken, wenn Ihre Konfliktfähigkeit und die Streitkultur in Ihrem Team gut ausgebildet sind. Ist dies nicht der Fall, holen Sie sich dafür professionelle Hilfe.

Beobachtungskriterien:
Mögliche Anzeichen für einen »kalten« Konflikt

Ein kalter Konflikt ist ein Konflikt, in dem die Kommunikation zwischen den Beteiligten abnimmt. Die Beziehungen erkalten.

- ❑ Man geht distanziert miteinander um.
- ❑ Die Kolleginnen und Kollegen schweigen, werden leiser.
- ❑ Sie wissen immer weniger voneinander, von den Zielen und Aktivitäten.

- ❏ Die gemeinsame Aufgabenlösung tritt in den Hintergrund, individuelle Lösungen treten in den Vordergrund.
- ❏ Klare Vorstellungen zur Zielverwirklichung schwinden.
- ❏ Es häufen sich Fehlentscheidungen, weil zu wenige und unzutreffende Informationen bei Einzelnen ankommen.
- ❏ Feindseligkeiten und Buhlen um die Gunst der anderen nehmen zu. Die Beziehungen verhärten sich.
- ❏ Die Kommunikation beschränkt sich auf die notwendigen Formalitäten.
- ❏ Es findet keine fruchtbare Auseinandersetzung, kein Dialog statt.
- ❏ Zynismus und Sarkasmus gehören zum Kommunikationsstil.
- ❏ Nicht mehr die Sache steht im Vordergrund, sondern das Bedürfnis, dem Gegenüber »eine reinzuwürgen«.
- ❏ Bei einfachen Entscheidungen wird die Leitung herangezogen, obwohl diese selbständig getroffen werden könnten; die Mitarbeiter/innen werden feige.
- ❏ Betroffene und »Zuschauer« sind frustriert.
- ❏ Sie sind weniger motiviert; die Qualität der Arbeit lässt nach.
- ❏ Die Bedeutung von Vorschriften, Anweisungen und Regeln nimmt zu, damit sich alle daran festhalten können.

Heiße Konflikte werden offen und konfrontativ ausgetragen. Die Energie bei den Beteiligten ist hoch. Auch hier bestimmt im wahrsten Sinne des Wortes heiße Luft die Arbeitsatmosphäre, die Körpertemperaturen steigen. Der Streit flammt bei jeder Kleinigkeit auf. Er eskaliert, die Beteiligten werden laut. Es bilden sich Fraktionen/Lager mit exponierten Wortführer/innen.

Mögliche Anzeichen für einen heißen Konflikt
Ein heißer Konflikt ist ein Konflikt, in dem Streit offen zutage tritt.

- ❑ Die Beziehungen sind verstrickt.
- ❑ Heftige Begeisterung für eigene Ideale, verbunden mit der Abwertung der Ideale von anderen Personen.
- ❑ Ideologisch gefärbte Wahrnehmung, man fühlt sich auf der redlichen, »wahren« Seite.
- ❑ Die Atmosphäre ist (körperlich und räumlich) heiß.
- ❑ Die Kontrahent/innen werden kurzfristig laut und direkt.
- ❑ Die Beteiligten sehen die Situation mit stark gefärbtem Blick; die jeweils andere Seite ist schuld an der Situation.
- ❑ Zuschauer und unbeteiligte Beobachter sehen eher schwarz, was einen positiven Ausgang des Konflikts angeht.
- ❑ Es werden Lager und Fraktionen gebildet, die die Auseinandersetzung anheizen.
- ❑ Das Tempo des Agierens und Agitierens ist hoch.

- ❏ Regeln werden in Zweifel gezogen und erscheinen den Beteiligten als übertrieben.
- ❏ Die Energien werden dafür verwendet, auf die Konfliktgegner/innen einzureden; diese Energie geht der Aufgabenerfüllung verloren.

Für den Fall, dass die Stimmung in Ihrem Team schlecht wird, überprüfen Sie – am besten im Austausch mit anderen Personen – ob sich Anzeichen von kalten oder heißen Konflikten bemerkbar machen. Treffen einige oder mehrere Merkmale auf Ihre Einrichtung zu, sollten Sie sorgfältig abwägen, ob Sie den Konflikt ohne Unterstützung durch Dritte lösen können.

»Ringen um die beste Lösung oder gemeinsam in den Abgrund?« – Dritte Dimension von Konflikten:

Konflikte haben unterschiedliche Eskalationsgrade. Es gibt milde, heftige, zerstörerische und solche, die in der Katastrophe enden. Die an Konflikten Beteiligten müssen sich überlegen, ob und wie sie einen Konflikt eskalieren lassen. Es gibt verschiedene Eskalationsstufen, die Konflikte forcieren oder auf denen Sie Konflikte stoppen bzw. mit denen Sie Konflikte begrenzen können (s. Kapitel 6). Institutionen und Teams, die an einer guten Zusammenarbeit und an ihrer Weiterentwicklung interessiert sind, arbeiten daran, möglichst wenig Eskalation zu betreiben und so häufig wie möglich gemeinsam nach Lösungen zu suchen.

»Von der Gefahr, aufzulaufen« – Vierte Dimension von Konflikten:

Alle Konflikte haben einen sichtbaren und einen verdeckten Teil. Das so genannte Eisbergprinzip besagt, dass der größere Teil des Konflikts und der damit zusammenhängenden Fragen zunächst nicht sichtbar ist. Wie bei einem Eisberg liegt in einem Konflikt nur etwa ein Drittel sichtbar an der Oberfläche, zwei Drittel liegen im Verborgenen. Die unsichtbaren Teile müssen gehoben werden, um erkennbar zu werden und sich bearbeiten zu lassen. Was im Verborgenen gärt, sind die Gefühle.

Daraus folgt: Ich kann in einem Konflikt nicht zur Sache übergehen, wenn die Gefühle keinen Raum haben dürfen. Der Versuch, die Gefühle in einer Konfliktbearbeitung nicht einzubeziehen, lässt Sie sozusagen – wie die Titanic – auflaufen. Für die Konfliktlösung ist dann, bildlich gesprochen, der Untergang angesagt.

Konfliktdimensionen

1. Konfliktebene:	Sachebene und Gefühlsebene – Jeder Konflikt erzeugt auch Emotionen.
2. Konfliktzustand:	Kalte Konflikte – Warme Konflikte Alte Konflikte – Frische Konflikte
3. Eskalationsgrad:	Milde Konflikte – Zerstörerische Konflikte
4. Sichtbarer Teil – unsichtbarer Teil 	Der größere Teil des Konflikts ist zunächst verdeckt, muss erst gehoben werden.

Instrumente zur Konfliktdiagnose

Konflikte sind nicht einseitig kausal nach dem Wenn-Dann-Muster zu erklären oder zu diagnostizieren, da sie sich aus dem Zusammenwirken verschiedenster Faktoren und Ebenen ergeben.
Häufig fragen wir uns beim Auftreten von Konflikten:

- Warum musste ausgerechnet mir das passieren?
- Warum bekommen die beiden Kolleginnen und Kollegen diesen lästigen Streit nicht in den Griff?
- Warum ist gerade unsere Kindertagesstätte von Personaleinsparungen betroffen?
- Warum kann aus einer Mücke ein Elefant werden?

Die Frage nach den Ursachen von Konflikten ist für die Konfliktdiagnose und die Konfliktbearbeitung nicht vorrangig bedeutsam.
Die zentralen Fragen zur Konfliktdiagnose sind vielmehr:

I. • Was ist der Gegenstand des Konflikts?
   • Was sind die Konfliktthemen und -inhalte?
   • Stimmt das Thema mit dem realen Anliegen überein oder ist es nur ein Ablenkungsmanöver?

(s. dazu Checkliste I: Konfliktthemen)

II. • Wer sind die beteiligten Personen?
   • Sind die Personen real betroffen oder wird ein Stellver-
   • treterkonflikt geführt?

(s. dazu Checkliste II: Konfliktpersonen/-parteien)

III. • Welche Bereiche (Organisationsbereiche) der Kindertagesstätte sind vom Konflikt berührt?

(s. dazu Checkliste III: Konfliktbereiche)

IV. • Welche Geschichte hat der Konflikt?
   • Wie lange dauert er schon?

- Welche Eskalationsstufen hat er bereits erreicht?
- Welche emotionalen Gefühle stehen im Vordergrund?

(s. dazu Checkliste IV: Konfliktverlauf – Konflikteskalation)

V.
- Was wurde bisher getan?
- Welche Erfolge/Misserfolge sind mit den Lösungsversuchen verbunden?

(s. dazu Checkliste V: Arten der Konfliktbewältigung)

Die folgende Checkliste zur Konfliktanalyse soll Ihnen helfen, sich Klarheit über den Inhalt, die beteiligten Personen und den Verlauf eines vorhandenen Konflikts zu verschaffen. Diese Checkliste ist für Sie als Leiter oder Leiter/in gedacht, wenn Sie einen Konflikt moderieren oder bearbeiten wollen. Sie ist **nicht** als Hilfe für Konfliktbeteiligte angelegt. Arbeiten Sie die Liste durch; was auf den ersten Blick mühsam erscheint, zahlt sich in der Bearbeitung aus. Um die Konfliktthemen zu erheben, können Sie den Gesprächsleitfaden aus dem Kapitel 8 nutzen.

Checkliste zur Konfliktanalyse
(in Anlehnung an: Reinhilde Beck/Gotthart Schwarz 1995, S. 75-81)

I. Konfliktthemen

- Welche Themen werden von den Konfliktparteien als die zentralen benannt?
- Welche Unterschiede gibt es in der Beschreibung?
- Wie stark identifizieren sich die Konfliktparteien mit den Themen? Was hat starke/weniger starke Bedeutung?
- Wo sehen die Beteiligten Ursachen für den Konflikt?
- Wie weit kennen die Beteiligten die Beschreibungen der Gegenseite?

- Welche Erwartungen haben die Parteien aneinander und welche Veränderungsschritte halten sie für notwendig?

Die Themen, die Sie auf diese Weise erheben, entsprechen dem sichtbaren Teil des Eisbergs. Die unausgesprochenen Ängste, die bedrohlichen Gefühle kommen hier nicht zum Ausdruck. Oft möchten die Kontrahentinnen über die Situation sprechen, um sich des vorhandenen Drucks zu entledigen, wenn zu der Person, die Klärungshilfe leistet, eine gute Beziehung hergestellt ist (vgl. William L. Ury/Jeanne M. Brett/Stephen B. Goldberg, S. 44). Diese Arbeit ist die Grundlage für eine spätere gemeinsame Definition der daraus zu erarbeitenden Lösungsschritte.

II. Konfliktpersonen/Konfliktparteien

- Besteht der Konflikt zwischen einzelnen Personen des Teams, zwischen Gruppen (oder Abteilungen) innerhalb der Einrichtung, zwischen der Einrichtung und dem Träger oder zwischen der Einrichtung/Teilen des Teams und Außenstehenden?
- Welche Personen sind im Zentrum des Konflikts, welche stehen eher am Rande?
- Wo stehen im Konflikt die Personen, die eine formale Funktion haben (Leiter/in, Stellvertretung, Abteilungsleiter/in, Vertreter/innen des Amtes, Elternvertreter/innen ...)?
- Ist klar, wer zu welcher Konfliktpartei gehört, wer sich unentschieden verhält?
- Weisen die Konfliktparteien eine starke Bindung auf (Freundschaften, starke Identifikation mit dem Konfliktthema, unerledigte alte Konflikterfahrung)?
- Gab es diese Konstellation der Beteiligten bereits in anderen Konflikten?

Die genaue Beschreibung der am Konflikt Beteiligten hilft dabei, die für die Konfliktbearbeitung richtigen Schritte zu bestimmen. Oftmals erscheint ein Konflikt als eine Angelegenheit zweier Personen; tatsächlich agieren sie aber in einem

Umfeld von Unterstützung oder Abgrenzung. Die Bühne, auf der die Konfliktparteien agieren, muss ausgeleuchtet werden.

III. Konfliktbereiche

- Welche Teile der Kindertagesstätte oder ihres Umfelds sind von diesem Konflikt betroffen?
- Sind die Arbeitsprozesse und -beziehungen außerhalb der unmittelbar am Konflikt Beteiligten betroffen?

Konflikte betreffen nicht nur Personen. Die Arbeitsfähigkeit der Kindertagesstätte, ihre Wahrnehmung durch die Eltern, den Träger oder andere Einrichtungen kann negative Ausstrahlungen haben. Nicht nur die betroffenen Konfliktparteien, auch das Umfeld wird so Teil des Konflikts.

IV. Konfliktverlauf – Konflikteskalation

- Was waren für die Beteiligten die empfindlichen Punkte in der Entstehung des Konflikts?
- Hat sich der Konflikt im Laufe der Zeit ausgeweitet? Woran lag das?
- Was/wer trägt dazu bei, den Konflikt zu verschärfen?
- Gab oder gibt es Situationen, die eine Konfliktlösung erleichtern würden?

Die Kenntnis über den Konfliktverlauf hilft dabei, den Eskalationsgrad einzuschätzen. Sie bietet Ansatzpunkte für Eingriffsmöglichkeiten, womit Sie verhindern können, dass der Konflikt unkontrollierbar wird.

V. Ansätze zur Konfliktbearbeitung

- Welche Erfahrungen zur Konfliktbearbeitung wurden in Ihrer Institution schon gemacht?
- Welche Versuche wurden außerdem von Kolleginnen und Kollegen vorgeschlagen und in welchen Situationen?
- Wer hat diese Versuche vorgeschlagen, weshalb sind sie gescheitert?

- Haben bisherige Lösungsversuche den Konflikt eher eskalieren oder deeskalieren lassen?
- Was schlagen die Beteiligten am Konflikt vor, um ihn zu bearbeiten? Wurde diesen Vorschlägen gefolgt?
- Waren Außenstehende an den Lösungsversuchen beteiligt; wenn ja: Wie?
- Gibt es in der Kindertagesstätte für den Konfliktfall vereinbarte Regeln; wurden sie angewandt und weshalb waren sie nicht erfolgreich?

In diesen Fragen geht es darum, die Konfliktlösungsmuster Ihrer Institution und der Beteiligten zu erheben. Mögliche Bearbeitungsformen lassen sich aus früheren positiven Erfahrungen beim Lösen von Konflikten ableiten.

Übung: Das Bild meiner Organisation

Ein Bild zeigt mehr von einer Person und einer Institution als Worte. Diese Übung dient für Leitungskräfte und für das gesamte Team als Reflexion. Ziel der Übung ist es, sich über den momentanen Stand der Institution und der vorhandenen Konflikte besser bewusst zu werden.

Material:
Für jede Person ein Stück Zeichenkarton oder festes Papier (mindestens DIN A3) und ein Sortiment Wachsmalstifte.

Ablauf:
Die Übung kann zur Selbstreflexion oder als Gruppenübung durchgeführt werden. Nehmen Sie sich einzeln 15 Minuten Zeit, konzentrieren Sie sich nur auf sich selbst, reden Sie nicht mit anderen (wichtig). Malen Sie ein »Bild« Ihrer Institution, in dem Ihre Position in der Institution zum Ausdruck kommt. Benutzen Sie keine Worte, drücken Sie Ihre Gefühle und Sichtweisen in der Art und Weise aus, die für Sie am einfach-

sten und angenehmsten ist. Sie können mit Symbolen, Farben und figürlichen Darstellungen arbeiten. Setzen Sie sich keinem Bewertungsdruck aus, es geht nicht darum, ein »Kunstwerk« oder etwas besonders Originelles zu produzieren.

1. **Zur Selbstreflexion für Leitungskräfte:** Bitten Sie eine Person Ihres Vertrauens, Ihnen eine Rückmeldung über das Bild zu geben.
2. **Für das Team:** Tauschen Sie sich im Team über die Eindrücke aus, die die einzelnen Bilder hervorrufen. Dazu wird ein Bild so aufgehängt, dass alle es sehen können. Nun werden die Wahrnehmungen und Gefühlsäußerungen reihum geäußert. Die Gestalterin hält sich vorerst zurück und nutzt die Wahrnehmungsäußerungen der anderen als Angebot zur Erweiterung der eigenen Perspektive. Danach erklärt sie, was sie ausdrücken wollte. Irritationen durch Äußerungen anderer Kolleginnen und Kollegen sollten Sie als Anlass zum Nachdenken nehmen.

Regeln:
- Alle hören zu, Kommentare und respektlose Äußerungen sind verboten.
- Bewertungen der Bilder (»Oh, wie schön!« oder »Wie kindlich!«) sind nicht erlaubt.
- Nutzen Sie Wahrnehmungs- und Gefühlsäußerungen wie: »Das Bild wirkt auf mich wie....«
- Interpretationen und Vermutungen müssen als solche gekennzeichnet werden.

Bilder von Organisationen können Konfliktthemen deutlich machen. Als Leiter/in sollten Sie die Bilder sammeln und, je nach Schwierigkeitsgrad, gemeinsam bearbeiten oder sich dafür Unterstützung holen. Achten Sie auf die Hinweise im Kapitel Konfliktmanagement (Checklisten).
Wenn Sie einen anderen Zugang zum Klima Ihrer Einrichtung

wählen wollen, können Sie die Übung »Wenn ich Königin wäre« nutzen. Diese Übung stellt Veränderungsvorschläge in den Vordergrund, wodurch Sie ebenfalls erfahren, wie Ihre Mitarbeiter/innen den Zustand der Kita sehen.
Weitere Übungen, mit denen Sie das Klima in Ihrer Institution erforschen können, finden Sie im TOP-Band Teamentwicklung.

Übung: »Wenn ich Königin wäre«
(nach Gerhard Fatzer 1993/1, S. 221)

Jede von uns hat Vorstellungen von einer idealen Organisation und deren Aufbau. Sie würde sie auch sofort in die Wirklichkeit umsetzen, wenn sie die Macht dazu hätte, wenn sie weniger Angst hätte ...

Diese Übung arbeitet mit der Rolle der Königin, die in einer Art magischen Tuns eine Ideal-Organisation schaffen kann. Vordergründig ist es eine Fantasie-Übung, doch stecken sehr viele realisierbare Ideen in einem solchen Szenario. Die Übung kann als Ausgangspunkt für Veränderungswünsche und eine konkrete Aktionsplanung genutzt werden. Wie in zahlreichen Kreativitätstechniken stellt auch hier der »uneingeschränkte Rahmen« (alle Ideen sind erlaubt) einen wichtigen Impulsgeber dar, weil im Arbeitsalltag zu oft der Sachzwang den freien Fluss von Ideen zur Veränderung behindert.

Ablauf:
Kopieren Sie die Vorlage für Ihre Kolleginnen und Kollegen. Wählen Sie eine Spielleiterin. Sie liest den Text vor. Anschließend stimmt sich jede zunächst gedanklich auf die Rolle ein.

1. Viele von uns würden viele Dinge, Gegebenheiten und Abläufe in ihrer Einrichtung ändern, wenn sie nicht Angst hät-

ten, die anderen würden diese Vorschläge verwerfen, schlecht finden und bekämpfen. Stelle dir vor, du wärst in deiner Organisation Königin und könntest solche Veränderungen einführen. Stelle eine Liste von zehn Dingen zusammen, die du verändern möchtest. Es wäre so, dass niemand den Vorschlägen Widerstand entgegenbringen würde.

2. Spiele die Königin in deiner ganzen Souveränität, die die Institution nach ihrem Gutdünken verändern kann, indem Du laut bekannt gibst, was Du verändern willst. Beginne mit dem Satz: »Wenn ich hier Königin wäre, würde ich das und das verändern.«
   Die Spielleiterin notiert die Vorschläge.

   Die Kolleginnen und Kollegen versuchen, auf deine Wünsche und Vorschläge zur Veränderung zu reagieren, sich in die Rolle der Organisationsmitglieder zu ver-setzen.

3. Nach jeder Königin gibt es die folgende Auswertung, die durch die Spielleiterin begleitet wird:
   Höre in dich hinein und versuche zu spüren, wie es dir in der Rolle gegangen ist. Wann hast du dich gut gefühlt? Wann, wobei und wie hast du dich blockiert?
   Die Kolleginnen und Kollegen versuchen, auch zu spüren, wie sie innerlich reagiert haben.

4. Danach spielt die nächste Kollegin die Rolle der Königin.

5. Zum Schluss werden alle Veränderungsvorschläge besprochen und auf ihre Umsetzbarkeit überprüft.

5 Betrachten Sie Konflikte systemisch!

Im Unterschied zu den Systemen der Natur, die unseren biologischen Lebenskreislauf ausmachen und deren wir uns eher bewusst werden, zum Beispiel bei der Geburt eines Kindes oder dem Tod eines Angehörigen, fehlt uns für die von Menschen geschaffenen Systeme und Organisationen häufig die Bewusstheit. Tatsache ist, dass ich als Einzelne Teil verschiedener Systeme bin, der Umwelt und der Familie, in der ich lebe; der Kindertagesstätte, in der ich arbeite; der Gewerkschaft, der ich angehöre; des Trägers, der die Kita betreibt, usw... Die Tatsache, dass unser Handeln das Handeln von anderen beeinflusst und umgekehrt, verlieren wir im Alltag oft aus den Augen. Ob wir wollen oder nicht, es schätzen oder ignorieren, wir stehen immer in Bezug zur Umwelt, zu Menschen und Organisationen. In diesen Bündeln von Zusammenhängen und gegenseitigen Abhängigkeiten agieren wir mehr oder weniger erfolgreich zwischen Polen, die ein Kraftfeld bilden:
Individuum – Gesellschaft
Chaos – Struktur
Vergangenheit – Gegenwart
Stagnation – Veränderung
Konflikt – Harmonie
Was bedeutet das in sozialen Zusammenhängen oder einem System wie der Kindertagesstätte?

Die Kindertagesstätte als System

Der Begriff »System Kita« klingt technisch. Haben wir es nicht mit Menschen zu tun, die nur ihr Bestes geben müssen, sich engagiert und fachlich sowie menschlich korrekt verhalten müssen, damit die Arbeit gut läuft? Weshalb müssen wir uns mit Begriffen plagen, die eher in eine Fabrik als in eine Einrichtung für Kinder gehören?

Diese Fragen sind eindeutig zu beantworten. Das System Kindertagesstätte besteht natürlich aus den handelnden Personen, den Erzieher/innen, der Leitung, den technischen Mitarbeiter/innen, den Eltern und selbstverständlich den Kindern. Es besteht aber auch aus den Regeln und den materiellen Bedingungen, unter denen gearbeitet wird. Unterhalb der formellen Regeln, der Konzeption, der dienstlichen Absprachen und Anordnungen wird das System Kita auch von den informellen Regeln bestimmt, von dem, was »man« zu tun, wie »man« sich zu verhalten hat. Und es gehören die eingeschliffenen Verhaltensmuster dazu, die jede Gruppe und jedes Team (mit)bestimmen. Zum Beispiel: Wer hört wem zu, wenn auf einer Sitzung ein Beitrag geleistet wird? Wen holt die Leitung sich dazu, wenn es eine schwierige Frage zu besprechen gilt? Weshalb ist es wichtig, das »System«, in dem wir arbeiten, zu verstehen?

Weil wir in dem jeweiligen System, in dem wir uns bewegen, unsere Rollen haben, die wir ausfüllen. Weil die Menschen nicht nur als Frau Abraham oder Herr Bertram agieren, sondern weil Frau Abraham auch Leiter/in der Kindertagesstätte ist und die Verantwortung für die gesamte Einrichtung trägt. Oder weil Herr Bertram auch Vater eines Kindes ist, der aktiv im Elternbeirat mitarbeitet.

Die sich daraus ergebenden unterschiedlichen Perspektiven und Sichtweisen lassen sich an einem Beispiel verdeutlichen. Eine Mutter in einer Kindergruppe ist zugleich Erzieherin in einer anderen Kindereinrichtung. Eigentlich müsste sie als

Kollegin Verständnis für die Schwierigkeiten bei der Dienstplangestaltung in einer Phase mit hohem Krankenstand haben. Als Mutter ist sie aber dennoch darüber empört, dass schon wieder eine Praktikantin die Gruppe betreuen soll.

Auseinandersetzungen dieser Art sind nicht zu verstehen und auch nicht konstruktiv zu lösen, wenn wir die Ebene des Systems vernachlässigen, in der wir uns alle bewegen. Wir können einen Konflikt dieser Art – wenn es denn ein Konflikt wird – nur verstehen, wenn wir zunächst begreifen, aus welchen Zusammenhängen heraus, in welcher Position und mit welcher Betroffenheit die Personen agieren.

Da wir dazu neigen, die Geschehnisse nur in »Schnappschüssen« zu erfassen (P. Senge), wundern wir uns, warum Probleme in Situationen auftauchen, die wir als selbstverständlich betrachten. Doch wie der folgende Auszug aus einer persischen Geschichte verdeutlicht, gibt es immer mehr als eine Sicht auf die Dinge und viele Wahrheiten.

Es gibt viele Wahrheiten

Es gab einmal eine Stadt, die ihre Bewohner mit einer besonderen Attraktion in eine Nachtausstellung lockte. Die Menschen strömten in Scharen herbei. Heimlich hatte man in der Nacht einen Elefanten in die Ausstellung gebracht und die Besucher hatten die Aufgabe, ihn im Dunkeln zu ertasten. Da aber der Elefant sehr groß war, konnte jeder Besucher nur einen Teil ertasten und beschreiben.

So sagte einer, der das Bein des Elefanten erwischt hatte, »dies ist eine unverrückbare Säule«; der Zweite, der die Stoßzähne berührt hatte, beschrieb den Elefanten als einen spitzen Gegenstand; ein Dritter, der das Ohr des Tieres ergriff, meinte, dies sei einem Fächer nicht unähnlich; der Vierte, der über den Rücken des Elefanten strich, behauptete, es handele sich um eine Liege.

(frei wiedergegeben nach Mowlana, aus: Nossrat Peseschkian: Der Kaufmann und der Papagei. Frankfurt/Main 1993)

Jeder Besucher der Ausstellung hatte seine Wahrnehmung, mit der er einen Teil des Elefanten ertastete. Geht es Ihnen und den Mitarbeiter/innen im Team nicht auch manchmal so, dass Sie unterschiedliche Wahrnehmungen und Einschätzungen von ein- und demselben Vorgang oder Problem haben?

Aus systemischer Sichtweise agieren wir nie allein für uns. Wir befinden uns immer in einer Interaktion, also in einer wechselseitigen Beziehung, bei der unser Handeln ebenso von dem anderer geprägt wird, wie wir deren Handeln beeinflussen. Deshalb ist es auch unsinnig, bei Konflikten Einzelnen die Schuld zuzuweisen. Häufig denken wir vereinfacht in »wenn-dann«-Beziehungen, geben bestimmten Kolleginnen und Kollegen die Schuld daran, dass etwas falsch läuft. Diese Sicht führt zu einer Personalisierung von Konflikten und Konfliktursachen und hilft nicht bei der Konfliktlösung. Wir haben auf diese Weise lediglich einen Sündenbock und können unseren Ärger bei ihm abladen. Persönliche Schuldzuweisungen und Zuschreibungen verselbständigen sich schnell, damit werden Außenseiterinnen geschaffen.

»Wenn Brigitte nur den Mund aufmacht, weiß ich schon, was da rauskommt.« Festlegungen dieser Art, Stigmatisierungen, verfestigen sich im Alltag immer weiter, die Beteiligten werden immer sicherer in ihrer wechselseitigen Wahrnehmung. »Wenn Brigitte nicht in unserem Team wäre, hätten wir viele Probleme nicht.« Darüber sind sich die anderen Mitarbeiter/innen schnell einig. Was passiert aber, wenn Brigitte tatsächlich geht? Die Erfahrung vieler Gruppen, die einen Sündenbock brauchen, zeigt, dass dann in kurzer Zeit eine andere Person in diese Rolle gedrängt wird.

Woran liegt das? Viele Systeme, also Familien, Gruppen oder Institutionen, brauchen Problempersonen. Diese Personen werden zu »Symptomträger/innen«, weil erst die Ausgrenzung einer Person den anderen ermöglicht, mit sich selbst und ihrer Arbeit zufrieden zu sein. Konflikte werden unterdrückt und die daraus resultierenden Probleme einer Person oder einer Personengruppe zugeschrieben. Eine solche Situation weist auf die Instabilität des System hin und darauf, dass Erfolge und positive Ergebnisse nicht genügend bemerkt und gewürdigt werden. Die Einrichtung braucht einen Sündenbock. Kurz: Die gesamte Einrichtung stabilisiert sich, indem sie einen Schuldigen oder eine Schuldige definiert.

Die Rolle der Leitung im Umgang mit schwarzen Schafen oder Sündenböcken

Als Leiter/in dürfen Sie das Spiel der Ausgrenzung einer Kollegin oder eines Kollegen nicht mitspielen. Wenn es Ihnen schwer fällt, das vermeintliche schwarze Schaf in Ihrer Einrichtung von der positiven Seite zu sehen, sollten Sie sich im Interesse der Weiterentwicklung des Teams mit folgenden Überlegungen und Fragen auseinander setzen:

Überlegen Sie für sich, welche Rolle das vermeintliche schwarze Schaf im Team einnimmt. Würden Sie diese Kollegin eher als Zuschauerin des Geschehens in der Einrichtung beschreiben oder als Gegenspielerin? Schreiben Sie mindestens drei positive Eigenschaften dieser Person und deren Bedeutung für das Team auf. Überlegen Sie, wie diese Person sich selbst, ihre Rolle im Team und das Team beschreiben würde. Nun versetzen Sie sich in die Rolle der »problematischen« Kollegin und beschreiben Sie aus dieser Perspektive drei Wünsche an die Leitung und das Team. Überprüfen Sie, welche Gefühle diese Wünsche in Ihnen als Leiter/in auslösen und welche Schlussfolgerungen Sie daraus ziehen.

Zum Schluss überlegen Sie, wie das Zusammenwirken des Teams wäre, wenn diese Person nicht mehr bei Ihnen arbeiten würde? Gäbe es eine andere Kandidatin aus dem Team, eine Nachfolgerin oder einen Nachfolger für die Rolle der »schwierigen Person«? Wenn ja, sollten Sie sich Zeit nehmen und die schwierigen Seiten Ihres Teams, am besten gemeinsam mit

einer neutralen Person, stärker beleuchten.
Sie könnten zum Beispiel Antworten auf folgende Fragen suchen:

- Wie ist der Geist (die Kultur) unserer Kita?
- Was wird den anderen bei uns mitgeteilt?
- Wie wird kommuniziert?
- Was wird nicht besprochen, worüber wird geschwiegen, was darf nicht gesagt werden?

In der Antwort auf diese Fragen finden Sie Aufschluss über das mögliche Konfliktpotenzial. Vermutlich wird Ihnen dabei auch bewusst, weshalb Ihre Einrichtung eine »schwierige Person« braucht.

Aus systemischer Sicht geht es um mehr als nur die Beschreibung einzelner Konflikte oder der Rolle einzelner Personen. Es geht darum, Ihre Einrichtung insgesamt als ein System zu sehen und zu verstehen, in dem alle Beteiligten miteinander vernetzt agieren und sich wechselseitig sowohl positiv als auch negativ beeinflussen.

Die Kindertagesstätte als Teil einer Trägerorganisation

Aus der Abhängigkeit der Kindertagesstätte von ihrem Träger ergeben sich Aufgaben, Regeln und Zwänge sowie Verantwortlichkeiten. Das Verhältnis zwischen Trägerorganisation und Kindertagesstätte ist selten konfliktfrei und kann alle Beteiligten erheblich beschäftigen.

So kann zum Beispiel ein Gegensatz zwischen den notwendigen Mitteln für die Umsetzung der pädagogischen und inhaltlichen Vorstellungen der Kita und den finanziellen Möglichkeiten des Trägers entstehen. »Sparansprüche dürfen nicht auf Kosten der Kinder durchgesetzt werden, gespart werden kann im Rathaus«, so argumentieren die Pädagogen. »Wir können uns nicht auf Kosten der Kinder weiter verschulden«, so tönt es aus dem Rathaus zurück.

Wer hat Recht? Zunächst einmal beide Seiten. Die Frage ist: Sind beide Seiten in der Lage, die Logik des anderen Systems zu verstehen? Haben Stadtverordnete oder Trägervertreter in einem Wohlfahrtsverband einen Eindruck von den Belastungen für Kinder und Erzieher/innen, die aus einer Veränderung der Gruppengröße entstehen? Gibt es eine sachliche Diskussion über die Grenzen des pädagogisch noch Vertretbaren – in Zeiten knapper öffentlicher Kassen? Gibt es in der Kita Informationen und Diskussionen über die Finanzlage des Trägers? Vielfach ist das nicht so. Die Beteiligten reden aneinander vorbei, der Konflikt bleibt ein moralischer, führt zu persönlichen Verletzungen, vielleicht zur Gesprächsunfähigkeit. Die Spirale der Verhärtung kann sich weiter drehen.

Auch in inhaltlichen Fragen können die Vorstellungen aufeinander prallen. So kann der konzeptionelle Anspruch der Kolleginnen und Kollegen zur Frage der altersgemischten Erziehung den Vorstellungen des Trägers zuwiderlaufen. Vor diesem Hintergrund kann es zu einem Konflikt zwischen dem Selbstgestaltungsanspruch der Einrichtung und den inhaltlich-organisatorischen Vorgaben des Trägers kommen, der mit einem Eingriff von außen endet.
Ist Ihnen und allen Mitarbeiter/innen deutlich, mit welchen inhaltlichen und organisatorischen Vorstellungen der Träger Ihre Einrichtung betreibt? Wie beschreiben Sie die Diskussionskultur zwischen sich und den Verantwortlichen bei Ihrem Träger?

Übung: »Wir wechseln den Hut«

Wenn es bei Ihnen und dem Träger zu einer konkreten Frage unterschiedliche Auffassungen gibt, verteilen Sie im Team die folgenden Rollen: Eine Kollegin vertritt die Argumentation der Einrichtung, eine andere macht sich die Argumente des Trägers zu eigen. Es geht darum, sich wirklich in die andere Seite hineinzuversetzen. Spielen Sie nicht Kabarett.

Das Team soll die Diskussion zwischen beiden Seiten beobachten. In der gemeinsamen Auswertung geht es darum, festzustellen, ob die Argumente realistisch vorgetragen wurden, was an der jeweiligen Argumentation nachvollzogen werden kann und wo Einigungsmöglichkeiten bestehen.

Diese Übung kann als Vorbereitung auf Konfliktgespräche hilfreich sein. (Weitere Hinweise finden Sie im TOP-Band Moderation- und Gesprächsführung.)

Wichtig ist, durch die Übung folgendes zu erkennen: Die eigene Argumentation und die Fähigkeit, der Gegenseite die Zwänge und Möglichkeiten der eigenen Situation zu vermitteln, sind Voraussetzung für eine Einigung und die Herstellung einer »Win-win-Situation«, in der keiner verliert, sondern beide Seiten gewinnen. Auch auf diesem Feld agiert nicht eine Seite allein. Der »böse« Träger steht nicht der »guten« Kindertagesstätte gegenüber oder umgekehrt. Eine solche Zuschreibung beendet das Gespräch und macht einen Konflikt zu einer Machtfrage. Soll ein Konflikt lösungsorientiert bearbeitet werden, muss es darum gehen, das eigene Anliegen und die dahinter stehenden Motive so deutlich wie möglich zu vermitteln. Gleichzeitig müssen Sie versuchen, auch zu verstehen, wie die andere Seite zu ihren Überlegungen gekommen ist.

Beziehungskultur und Beziehungsdynamik

Die meisten Menschen neigen dazu, Konflikte zu personalisieren und in Begriffen wie Schwarz – Weiß, Richtig – Falsch und Gut – Böse zu denken. Wenn wir aber das Beziehungsgefüge vor dem Hintergrund der Systemelemente begreifen, betrachten wir Konflikte quasi von »oben«, als ob wir aus einem Fesselballon durch das offene Dach der Kindertagesstätte sehen. Wir können dann erkennen, dass sich die Perspektive verändert, und stellen fest, dass unsere Wertungen nur aus der jeweiligen Sicht die »richtigen« sind. Wir erkennen, dass Muster, die unsere Beziehungen prägen, veränderbar sind.

Der erste Schritt hierzu ist die Frage, ob wir in unserer Einrichtung überhaupt alle nach denselben Regeln arbeiten. Sind alle formellen Regeln, sind die konzeptionellen Überlegungen, von denen ich mich als Leiter/in leiten lasse, allen anderen in der Einrichtung bekannt? Sind sie auch akzeptiert? Sind die Informationen, die ich meinen Entscheidungen zu Grunde lege, allen bekannt? Welche unausgesprochenen Ansprüche bestehen an die Kolleginnen und Kollegen? Welche Ansprüche stellen sie an mich? Und vor allem: Wie gehen wir mit Konflikten um, die in der Einrichtung entstehen?

Die Beziehungskultur einer Kindertagesstätte besteht aus den Mustern und Verhaltensweisen zwischen Kolleginnen und Kollegen, die sich im Laufe der gemeinsamen Arbeit eingespielt haben. Dabei entstehen auch in Institutionen eingespielte Muster, wie wir sie aus dem privaten Bereich kennen: Das Gefühl, zurückgesetzt zu werden; Eifersucht gegenüber einer neuen Kollegin, mit der sich plötzlich die liebste Kollegin so gut versteht; die bohrende Unsicherheit, wenn Eltern der Kindergruppe sich nach einer Krankheit der zuständigen Erzieherin überschwänglich über die Vertretung äußern; Neid auf die jüngere Kollegin, die voller Power ist; Angst vor Neuem, vor Veränderung – solche eingespielten Verhaltensmuster sind keineswegs von dem zu trennen, was zu dem Stichwort »System Kindertagesstätte« gesagt wurde. Vielmehr ist es genau die Ebene der persönlichen Beziehungen, auf der sich die vielfältigen systemischen Einflüsse konkretisieren.
Die Beziehungsprozesse in einer Einrichtung lösen viele Konflikte aus. Persönliche Enttäuschungen, Verletzungen und

Kränkungen machen eine gute Zusammenarbeit oft unmöglich. Unproduktive Kommunikationsmuster zwischen Träger, Leitung und Erzieher/innen oder technischen Mitarbeiter/-innen, Eltern und/oder Menschen aus dem Umfeld erschweren die Organisation des Alltags. Viel Kraft geht dann im Dschungel unklarer Rollen und verstrickter Beziehungen verloren. Diese Problematik wird dadurch verstärkt, dass die persönlichen Beziehungen einer starken Dynamik unterliegen, das heißt, sie beeinflussen sich wechselseitig. Die Wahrnehmung der Probleme schafft neue Probleme, bis niemand in der Einrichtung mehr genau beschreiben kann, weshalb die Zusammenarbeit im Team, mit einigen Kolleginnen und Kollegen, der pädagogischen Sachbearbeiterin im Amt, einer Mutter oder einem Vater so schwierig ist.

Die Auseinandersetzung mit diesen Fragen gehört zu den wichtigsten Aufgaben der Leitung einer Einrichtung. Für den Umgang mit Konflikten bedeutet das, die institutionellen Hindernisse und Konfliktvermeidungstechniken, die einer offenen und vertrauensvollen Beziehungs- und Streitkultur im Wege stehen, unter die Lupe zu nehmen und sie offen anzusprechen.

Nutzen Sie die folgenden Hinweise als Checklisten für sich und Ihr Team. Kopieren Sie die Liste für Ihre Kolleginnen und Kollegen und arbeiten sie Punkt für Punkt durch. Welche der genannten Punkte treffen in Ihrer Einrichtung zu, welche eher weniger oder gar nicht? Die Auswertung bietet genügend Stoff, um die Beziehungs- und Streitkultur im Team zu reflektieren und an ihrer Verbesserung zu arbeiten.

Mögliche Hindernisse für eine gute Beziehungs- und Streitkultur in Kindertagesstätten

- ❑ Das inhaltliche Ergebnis der pädagogischen Arbeit ist schwer zu kontrollieren, die Leistung ist nicht deutlich zu beschreiben.
- ❑ Es gibt keine klar definierten Zuständigkeits- und Verantwortungsbereiche.
- ❑ Klare Anforderungen werden nicht gestellt, »Kontrolle« löst Unbehagen aus, der Leitungsstil ist verschwommen, Nachsicht wird an die Stelle von Klarheit gesetzt.
- ❑ Kritik wird selten eindeutig geäußert, findet »durch die Blume« statt.
- ❑ Verabredete Instrumente – wie Gespräche zwischen den Mitarbeiter/innen und der Leitung – sind eher selten.
- ❑ Der offene Umgang der Leitung mit Konflikten ist nicht selbstverständlich.
- ❑ Harmoniestreben deckt Konflikte zu, Interessengegensätze werden nicht deutlich ausgesprochen.
- ❑ Das Team hat »keine Zeit«, die Arbeit und kritische Situationen sorgfältig auszuwerten, denn »die Kinder sind doch wichtiger«.
- ❑ Ein freier Informationsfluss von oben nach unten und umgekehrt, die Pflege gegenseitiger Kontakte, die Achtung innerhalb der Einrichtung und im Austausch mit der Umwelt, das alles wird nicht genügend beachtet.

Techniken der Konfliktvermeidung:

- ❑ Schnelles Eingreifen bei Konflikten bzw. der Wunsch, bei Auseinandersetzungen zwischen Kolleginnen und Kollegen schnell helfen zu wollen.
- ❑ Wegsehen bei Problemen.
- ❑ Mürrisches bzw. unzufriedenes Auftreten von Kolleginnen

und Kollegen werden kommentiert mit Sätzen wie: »Die Kollegin ist heute mit dem falschen Bein aufgestanden und hat ihren schlechten Tag.«
Häufige kritische Äußerungen einer Kollegin werden nicht ernst genommen, sondern mit dem Spruch »Die schon wieder!« abgetan.

- ❑ Negative Gefühlsäußerungen werden unterbunden: »Wir sind eine pädagogische Institution, bei uns wird nicht gemeckert, geschimpft oder geflucht!«
- ❑ Einzelne Kolleginnen und Kollegen legen Wert auf Lob und Kritik. Sie werden abgewiesen mit der Haltung: »Wir sind doch alle gleich, mal ist der eine, mal ist die andere engagierter.«
- ❑ Die pädagogische Sachbearbeiterin oder einzelne Eltern sprechen die gereizte Stimmung an. Darauf wird beschwichtigend reagiert: »Die Kolleginnen und Kollegen sind überarbeitet, eigentlich verstehen wir uns alle gut.«
- ❑ Der Träger der Einrichtung hat die Absicht, personelle Veränderungen vorzunehmen, als Leiter/in sollen Sie Vorschläge unterbreiten, welche Kollegin oder welcher Kollege »in den Überhang« gehen soll. Im Team schimpfen Sie erst mal gemeinsam gegen den Dienstherrn. Die Entscheidung wird auf die lange Bank geschoben.

Lob und Kritik

Zu einer offenen Kommunikation und konstruktiven Beziehungs- und Streitkultur, zur Vorbeugung von Konflikten gehören Lob und Kritik. Mit den anschließenden Übungen können Sie lernen, Lob und Kritik zu äußern und entgegenzunehmen.

Übung: Kritik äußern und entgegennehmen
(nach Gisela Hagemann 1993, S.128/129)

Ablauf:

Alle Teammitglieder sitzen im Kreis, ohne dass störende Tische zwischen ihnen stehen. Die Aufgabe lautet: Erinnern Sie sich an die Situation, in der Sie das letzte Mal kritisiert wurden und diese Kritik als ungerecht und verletzend empfunden haben. Alle Kolleginnen und Kollegen, einschließlich derjenigen in der Leitung, schreiben die Situation mit dem verletzenden Wortlaut auf ein Blatt Papier. Wichtig ist, allen Kolleginnen und Kollegen mitzuteilen, dass sie nur Erfahrungen beschreiben müssen, die sie dem Team mitteilen möchten und deren »Echo« sie vertragen können.

Wenn alle ihre Erfahrungen aufgeschrieben haben, werden die Blätter mit der beschriebenen Seite nach unten in die Mitte der Runde gelegt. Jede zieht dann ein Blatt. Falls es das eigene sein sollte, wird es zurückgelegt.

Eine Kollegin liest vor, was auf dem Blatt steht, das sie gezogen hat. Die Person, die den Text geschrieben hat, gibt sich zu erkennen, erklärt den Hintergrund des Geschehens und erläutert, was an der Kritik für sie verletzend war.
Danach gibt es zwei Möglichkeiten, wie weitergearbeitet wird:

1. Kritik geben.
Diejenige, die das Blatt gezogen hat, versucht, den inhaltlichen Kern der Kritik auf konstruktive Weise auszudrücken. Dabei kann sie von anderen Teammitgliedern unterstützt werden. (Zum Beispiel: Kritik mit Aufmunterung und in der Ich-Form aussprechen.)
Das Ziel ist, dabei zu erkennen, dass die Art und Weise der Kritik und die Wahl der Worte entscheidend sind. Voraussetzung dafür ist: Die Empfängerin hört der neu formulierten Kritik zu. Sie teilt mit, ob sie diese Art der Kritik – in der entsprechenden Situation – leichter hätte annehmen können.

2. Kritik entgegennehmen.
Diejenige, die kritisiert wird, berichtet, wie sie in der damaligen Situation die Kritik aufgenommen hat, und entwickelt nun selbst Vorschläge, wie sie sich hätte verhalten können und welche Schlüsse sie für die Zukunft daraus zieht.

Zum Schluss kann jede in einem Satz beschreiben, wie sie sich Kritik wünscht.
»Ich wünsche mir von Euch, dass Ihr bei Kritik darauf achtet, dass …«

In der Auseinandersetzung mit diesen Fragen geht es nicht darum, den »schwarzen Peter« zu verteilen. Es soll vielmehr Verständnis für die Prozesse geweckt werden – mit dem Ziel, die Arbeit zu verbessern und für alle Beteiligten ein Klima zu schaffen, in dem jede gerne arbeitet und in dem alle konstruktiv zusammenarbeiten.

Übung: Unterstützung und Lob geben – zur schillernden Seite unseres Verhaltens

Je nach Größe des Teams benötigen Sie bei Gruppen mit fünf bis 15 Personen eine bis zwei Stunden Zeit. Größere Gruppen sollten geteilt werden.

Ablauf:
Jede Mitarbeiterin gibt einen zweiminütigen Bericht, zum Beispiel über den letzten Elternabend oder die geleistete Gruppenarbeit. Eine nach der anderen tritt vor und erzählt. Gleichzeitig schreiben die zuhörenden Kolleginnen und Kollegen Kommentare zur geleisteten Arbeit, zur Person, zur Präsentation usw. auf einen Zettel. Wichtig ist: Nur wirklich positive Bemerkungen sind erlaubt!
Die Leitung übernimmt die Zettel, die in einen Umschlag ge-

steckt werden, die mit dem Namen der jeweiligen Kollegin versehen sind. Bevor die Umschläge am Ende der Teamsitzung überreicht werden, werden zwei Zettel von der Leitung »blind« aus einem Umschlag herausgegriffen und beliebig an zwei Kolleginnen übergeben, die dann, ohne Übertreibung oder ironischen Unterton, die notierten positiven Aspekte vortragen. Die Empfängerin des Lobs soll sich dabei gelassen zurücklehnen und es einfach genießen. Die anderen Zettel mit Lob sollte jede erst »im stillen Kämmerlein« lesen.

Bevor die nächste Kollegin das Lob erhält, sollte Zeit zum Verarbeiten des Lobs gegeben werden. Ein Moment der Stille ist notwendig, und zwar für alle Beteiligten. Falls Sie und Ihre Kolleginnen und Kollegen die Stille nur schwer aushalten können, achten Sie darauf, dass mindestens eine Minute Ruhe ist.

Für die meisten Kolleginnen und Kollegen ist es ein beeindruckendes Erlebnis, das Lob zu empfangen und dann noch den Umschlag zu öffnen. Vergleichen Sie nicht den Inhalt der weiteren Kommentare, behalten Sie dieses positive Erlebnis für sich.

Lob kann manchmal überwältigend wirken und starke Gefühle hervorrufen. Es ist keine Schande, Gefühle zu zeigen; deshalb erlauben Sie sich und anderen diese Gefühlsäußerungen. Vor Freude zu weinen wird so zur geteilten Freude.

Von der geheimniskrämerischen Clique zur offenen Kooperation

In jeder Institution bilden sich informelle Netzwerke (Cliquen), die die Kooperations- und Streitkultur beeinflussen. Wer unterstützt wen? Wer sprich mit wem? Wer hat außerhalb der Arbeit mit wem Kontakt? Solche Fragen beeinflussen das Kommunikations- und Konfliktverhalten. Informelle Netzwerke bieten einerseits Sicherheit für die, die dazugehören, sie

beinhalten andererseits die Gefahren der Ausgrenzung (s. Sündenbock) und Fraktionsbildung, die einer offenen Kooperations- und Streitkultur im Wege stehen.

Um einen vertrauensvollen Umgang und eine wertschätzende Kooperation miteinander aufzubauen, sollten Sie sich genau ansehen, zu welchem informellen Netzwerk Sie gehören und welche Wirkung es auf die Zusammenarbeit hat.

Übung: Wie sieht mein informelles Netzwerk aus?

Schreiben Sie die wichtigsten Personen auf, die zu Ihrem informellen Netzwerk gehören. Fragen Sie sich bei jeder Person:
Was ist es genau, was ich von dieser Person bekomme?
Was gebe ich ihr?
Wofür ist unser Netzwerk wichtig und nützlich?
Was bedeutet unser Netzwerk für die Zusammenarbeit im Team?
Was verhindert das Netzwerk?
Worin behindert das Netzwerk mich?

Anders ist es mit Netzwerken, die sozusagen öffentlich, gemeinsam gestrickt werden, in denen daran gearbeitet wird, ein Gleichgewicht herzustellen zwischen Kommunikation, Kooperation und Konkurrenz. Derartige Netzwerkbildungen sind zwar nicht konfliktfrei, aber sie machen beides zum Thema: das Streiten um den Inhalt und die Herausbildung einer produktiven Beziehungs- und Streitkultur.

Übung: Wie könnte ein offenes Netz für alle aussehen?

Schreiben Sie alle Personen aus Ihrer Einrichtung auf, die nicht zu Ihrem informellen Netzwerk gehören. Fragen Sie sich bei jeder Person, was Sie bisher daran gehindert hat, mit ihr eine offene Kommunikation und Kooperation zu pflegen. Fragen Sie sich, was schlimmstenfalls passieren würde, wenn Sie ab morgen dieser Person offener begegnen würden, und was bestenfalls geschehen würde. Was würde geschehen, wenn Sie die Kritik oder die Bedenken, die Sie dieser Person gegenüber haben, in Wünsche umformulieren würden? Was würde geschehen, wenn diese Person Wünsche an Sie formulierte?

Fragen Sie sich weiter, wie Ihr informelles Netzwerk auf eine offene Begegnung reagieren würde. Worin könnte der Nutzen des Auftauens eingefrorener Kommunikation und Beziehungen für Ihre Institution bestehen?

Wenn Sie positive Bilder entwickeln können, nehmen Sie diese zum Anlass im Team darüber zu reden. Beide Übungen sollten Sie Ihren Kolleginnen und Kollegen als Einzelarbeit vorschlagen, um festgefahrene Fraktionen aufzulockern und eine konstruktive Zusammenarbeit zu fördern.

6 Konfliktmanagement – warum und wofür?

Die Fähigkeit, produktiv mit Konflikten umzugehen, bekommen wir nicht in die Wiege gelegt. Viele Menschen denken ähnlich wie die Erzieherin, die ihre Meinung in einem Interview so ausdrückte: »Ich mag Konflikte eigentlich nicht besonders gern. Ich halte sie zwar für wichtig und man muss sie auch austragen, aber am liebsten hätt` ich gar keine« (DJI 1997, S. 6). Weshalb also sollten Sie als Leiter/in, weshalb sollte Ihr Team die Mühe auf sich nehmen und den, wie es scheint, schwierigen Umgang mit Konflikten lernen? Für das geschickte Bewältigen von Konflikten – und nichts anderes heißt Konfliktmanagement – gibt es allerdings gute Gründe:

1. Konfliktmanagement hilft Ihnen bei der Verwirklichung der institutionellen Ziele.
2. Konfliktmanagement leistet einen Beitrag zur Teamentwicklung und zur Qualitätssicherung der Arbeit.
3. Konfliktmanagement dient der Verbesserung Ihres pädagogischen Angebots, es nutzt den Kindern und Eltern und somit auch dem Image der Einrichtung.
4. Konfliktmanagement baut tragfähige Arbeitsbeziehungen – im Sinne einer engagierten Belegschaft – auf.
5. Konfliktmanagement bietet Anlass zum persönlichen und institutionellen Lernen.

Konfliktmanagement ist demzufolge ein entscheidender Faktor bei der Herstellung eines Arbeitsklimas, in dem sich die Beschäftigten wohl fühlen, es ist ein Beitrag zur Gesunderhaltung Ihrer Institution.

Wir Menschen haben grundlegende Bedürfnisse, nach deren Befriedigung wir streben. Alexander Maslow hat die Grundbedürfnisse in der folgenden Pyramide zusammengestellt. Sie zeigt, was wir brauchen, um in Einklang mit uns und anderen zu leben.

Was braucht der Mensch zum Leben?

Die Bedürfniskategorien des Menschen nach Maslow

Bleibt eines dieser Bedürfnisse lange unbefriedigt, drängt es einseitig in den Vordergrund, entsteht eine Dynamik in uns und zwischen uns und anderen, die im wahrsten Sinne des Wortes krank machen kann.
Werden die für das Wohlbefinden notwendigen Elemente dieser Bedürfnispyramide, die den Arbeitsbereich tangieren, in Ihrer Institution berücksichtigt? Nehmen Sie sich die Zeit und betrachten Sie aufkommende Probleme bzw. vorhandene Konflikte in Ihrer Kindertagesstätte unter dieser Perspektive. Vergessen Sie sich selbst nicht dabei, achten Sie darauf, was Sie selbst für Ihr Wohlbefinden am Arbeitsplatz brauchen. Filtern Sie heraus, was Sie und die Kolleginnen und Kollegen sich gegenseitig, über das bisherige Maß hinaus, noch geben können. (Zum Beispiel Lob, Unterstützung bei der Bearbeitung einzelner Probleme, schwieriger Entscheidungen, pädagogischer Fragestellungen u.a.)

Was bedeutet eigentlich Konfliktmanagement?

Konfliktmanagement in und für Organisationen ist ein an Leistung und Entwicklung orientierter Interessenausgleich zwischen der Organisation und ihrer Umwelt sowie zwischen Gruppen und einzelnen Personen in der Organisation. Konfliktmanagement in der Kindertagesstätte bedeutet also, die Interessen des Trägers, der Eltern, der Kinder und die Interessen der Mitarbeiter/innen soweit in Einklang zu bringen, dass die Lern- und Leistungsfähigkeit der Institution und ihrer Mitarbeiter/innen erhalten bleibt.

Die folgende Grafik veranschaulicht den Zusammenhang zwischen den unterschiedlichen Feldern, die Raum für Konflikte schaffen. Lotmar/Tondeur sprechen von dem »fruchtbaren Widerspruch zwischen Leistungsgemeinschaft und Per-sonengemeinschaft« (Paul Lotmar/Edmond Tondeur 1994, S. 171).

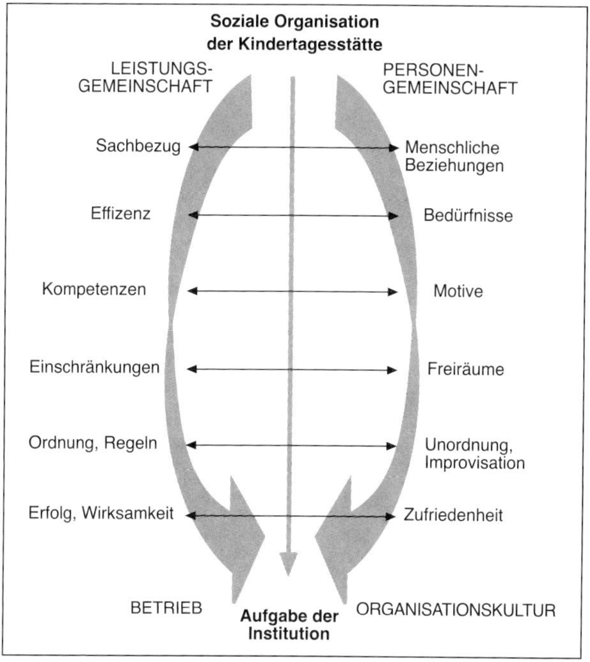

(Grafik nach Lotmar/Tondeur)

Konfliktmanagement bedeutet nicht, daran zu arbeiten, dass es keine Konflikte in Ihrer Kindertagesstätte gibt. Das wäre ein hoffnungsloses Unterfangen, denn aufgrund der unterschiedlichen Interessen und Bedürfnisse, die aus den systemischen Wirkungszusammenhängen (s. Kapitel 5) Ihre Einrichtung beeinflussen, wird sie niemals zur konfliktfreien Zone werden. Konfliktmanagement bedeutet vielmehr, einen Kommunikationsprozess zu organisieren, in dem gestritten wird, wenn nötig, auch leidenschaftlich, aber verbunden mit dem Bewusstsein, niemanden zu besiegen, sondern mit der Suche nach der bestmöglichen Lösung für alle Betroffenen.

Konfliktmanagement heißt auch, eine sinnvolle Vorbeugung zu betreiben, um unkontrollierte Eskalationen von Konflikten zu verhindern, das heißt, ein Frühwarnsystem mit offener Kommunikation und transparenter Information zu entwickeln.

Bildlich gesprochen, ist Konfliktmanagement wie eine »Tausend-Meilen-Reise, die unter Ihren Füßen beginnt« (Lao Tse), mit der Sie täglich beginnen können.

Grundsätzliche Überlegungen:

1. Betrachten Sie auftretende kritische Situationen nicht als isolierte Einzelprobleme, sondern mit systemischem Blick.

2. Machen Sie sich die Hindernisse in Ihrer Institution bewusst, die einem effektiven Konfliktmanagement im Wege stehen. (s. Kapitel 5)

3. Bringen Sie die Konfliktvermeidungstechniken (s. Kapitel 5) in der Einrichtung zur Sprache; sagen Sie das, was Ihnen auffällt.

4. Entwickeln Sie gemeinsam mit den Kolleginnen und Kollegen Verfahren und Kulturtechniken, die einen respektvollen Umgang miteinander ermöglichen.

Das setzt voraus, zunächst einmal anzuerkennen:

- Jede/r hat ihre/seine Daseinsberechtigung in der Institution.
- Es gibt viele unterschiedliche Sichtweisen und Lösungen für ein Problem.
- Eine Wahrheit gibt es nicht – es gibt viele Wahrheiten. Die Welt, wie jede/r sie sieht, ist nur ein Ausschnitt. »Jeder sieht die Welt nur vom Glockenturm seines eigenen Dorfes«, sagt ein russisches Sprichwort (s. Roger Fisher/Elizabeth Kopelman/Andrea Kupfer Schneider 1997, S. 31).

- Jede/r hat eine eigene Landkarte nach der sie/er die Welt durchwandert. Für Konflikte kann das heißen: Die eine will gerade nach links und die andere nach rechts, beides ist legitim. Entscheidend ist die Frage, ob sie sich wieder treffen, um im Arbeitsprozess gemeinsam voranzuschreiten.
- In einem Konflikt sind die Wahrnehmungen getrübt.
- Einem Konflikt liegen Gefühle zugrunde, die zutiefst individuell und nicht durch andere »wegzureden« sind.
- Jede Person hat ihre eigene Geschichte, Erfahrungen, Werte und Haltungen, die sie in den Kontakt mit anderen einbringt.
- Hinter jedem Anliegen steckt aus der Perspektive der betreffenden Person eine gute Absicht.

Das Entscheidende beim Konfliktmanagement ist also, hinter der Vielzahl unterschiedlicher Interessen Anliegen zu finden, die von den Beteiligten geteilt werden.

Die folgenden Anregungen sind als Beitrag für die Entwicklung gemeinsamer Umgangsformen gedacht, die zu einer interessenorientierten Konfliktlösung und zur Verbesserung der Kommunikation führen:

- Pflegen Sie eine Kommunikation, die zu einer kreativen Auseinandersetzung ermutigt.
- Entwickeln und unterstützen Sie ein Klima, dass zur Konfliktbearbeitung ermutigt, in dem es die Verpflichtungen »Sei wie ich« oder »Alle müssen gleich sein« nicht gibt.
- Richten Sie Ihre Aufmerksamkeit auf die vorhandenen Stärken und Potenziale Ihrer Mitarbeiter/innen.
- Nehmen Sie sich Zeit zur gemeinsamen Reflexion.
- Begreifen Sie Krisen als Chance.

5. Bringen Sie Mut zum Handeln auf – es ist noch kein Meister vom Himmel gefallen.

Wehret den Anfängen

Ungelöste Konflikte können ansteckend wirken. Wenn Sie nicht bei den ersten Anzeichen etwas unternehmen, breitet sich der Konflikt aller Wahrscheinlichkeit nach aus. Konflikte haben eine eigene Dramaturgie, die es zu entschlüsseln gilt.

Nehmen wir das Beispiel aus diesem Buch, das beschreibt, wie aus einer Mücke ein Elefant wird. Was ist dort geschehen und was hätten Sie in so einem Fall frühzeitig tun können? Erinnern wir uns:

Sie haben eine neue Kollegin (Kerstin) in der Einrichtung; sie nehmen eine distanzierte Stimmung zwischen der neuen Kollegin und einer älteren Kollegin (Anna) wahr. Sie fragen Anna, wie die Zusammenarbeit läuft. Sie hat ein Problem artikuliert, bei dem wir noch nicht genau wissen, worum es sich eigentlich handelt. Sie sagt, die Haltung von Kerstin sei zu lässig und nicht konsequent genug. Von einer neuen Kollegin könne man Anpassung an den Arbeitsstil der Einrichtung verlangen. An dieser Stelle ist ein Gespräch nötig. Bereits bei den ersten Symptomen ist es möglich, durch offene Ansprache die Spirale der Verhärtung zu unterbrechen.

Wie kann das geschehen?

Folgende Fragen könnten Sie sich stellen:

- Worum handelt es sich bei der Kritik von Anna? Steckt hinter diesen Aussagen möglicherweise ein ideologischer Hintergrund? (Wessen Pädagogik ist die Richtige?) Geht es um die Position in der Einrichtung? (Bin ich die bessere Pädagogin?) Oder besteht eine Differenz zwischen den Normen der Beteiligten? (Wessen Norm gilt hier?)
- Welcher stumme Vorwurf könnte sich hinter Annas Sachaussage verbergen? Gibt es einen Teil, der nicht ausgesprochen wird? (Denken Sie an das Bild vom Eisberg.) Welche Emotionen verbergen sich hinter der Sachaussage und wie ist die Gefühlslage der Kollegin?

Zur Selbsterkundung (für die Leitung):

- Weshalb habe ich als Leiter/in nur mit Anna über die Zusammenarbeit gesprochen, nicht aber mit beiden Kolleginnen und Kollegen? Weil sie mir vertrauter ist und möglicherweise mehr Sicherheit bietet?

In Problemsituationen fragen Sie sich grundsätzlich, warum Sie etwas genau so tun, wie sie es tun, und warum Sie etwas unterlassen. (So können Sie mehr über Ihr Leitungsverhalten erfahren.)

Was hätten Sie tun können, um die Spirale der Verhärtung zu unterbrechen?

- Die Sichtweisen der beiden einholen, indem Sie erkunden, wie jede von ihnen das Problem sieht.
- Feststellen, ob es überhaupt ein gemeinsames Problem oder eine einseitige Sichtweise gibt.
- Entscheiden, ob bei einem gemeinsamen Problem ein Gespräch mit beiden gemeinsam geführt werden muss.

Gesprächsleitfaden für ein Gespräch unter vier oder sechs Augen

1. Erkunden Sie das Anliegen und das Ziel der betroffenen Person bzw. Personen und fragen Sie:

- Was ist der Anlass für die Zusammenkunft? Was ist geschehen?
- Was ist Ihre Sicht des Problems?
- Hat es bereits einen Lösungsversuch gegeben?
- Welche Fragen und Wünsche haben Sie?

2. Arbeiten Sie die Gefühle der Betroffenen heraus:

- Welche Gefühle löst das Problem/der Konflikt bei Ihnen aus?
- Was war mehr oder weniger problematisch?
- Wie würden Sie die Gefühle der anderen Beteiligten beschreiben?

3. Finden Sie heraus, welche Bedeutung das Problem/ der Konflikt für die Beteiligte/n hat:
- Was bedeutet das Problem für Sie persönlich, für die Arbeit miteinander und das Team?
- Welche Befürchtungen haben Sie?
- Was soll auf gar keinen Fall passieren?

4. Erkunden Sie die Ziele der Betroffenen – eröffnen Sie Wahlmöglichkeiten:
- Was wünschen Sie voneinander? Welche Unterstützung benötigen Sie dafür?
- Wie wollen Sie die Zusammenarbeit künftig gestalten?
- Welchen Beitrag wollen Sie dazu leisten?

5. Lassen Sie die Betroffenen nach Lösungswegen suchen:
- Wie könnte die beste Lösung aussehen?
- Was können Sie – realistisch betrachtet – tun, um diese Lösung zu erreichen?
- Was sind Sie bereit zu geben?
- Was erwarten Sie von Ihrer Streitpartnerin?
- Welche Erfahrungen in der Einhaltung von Verabredungen haben Sie miteinander?
- Können Sie sich vorstellen, überrascht zu werden?

Diesen Gesprächsleitfaden können Sie auch für ein Konfliktgespräch mit mehreren Beteiligten nutzen.

Das Gespräch »unter sechs Augen«, in unserem Beispiel mit Anna und Kerstin, könnte anhand des Leitfadens etwa so laufen:
- Was wünschen Sie, Anna; was wünschen Sie, Kerstin, von diesem Gespräch?
- Was genau ist die Sicht von Ihnen, Anna; was ist die Sicht von Ihnen, Kerstin?
- Wie geht es Ihnen, Anna; wie geht es Ihnen, Kerstin, mit diesem Problem?

- Welche Sorge haben Sie, Anna, und Sie, Kerstin, wenn Ihr Standpunkt zu dieser Erziehungsfrage in der Kita nicht umgesetzt wird?
- Angenommen, wir würden das Problem nicht klären, welche Auswirkungen erwarten Sie, Anna; erwarten Sie, Kerstin, auf die Gruppe, das Team und die Einrichtung?
- Was wünschen Sie, Anna, sich von Kerstin; was wünschen Sie, Kerstin, sich von Anna; was wünschen Sie sich von mir, der Leiter/in?
- Was ist Ihre Idee, Anna; was ist Ihre Idee, Kerstin, wie das Problem gelöst werden kann?

Die Fragen bedeuten bereits eine Intervention, die den Blick der Beteiligten für die Situation schärft. Sie helfen damit den Beteiligten, ihre Gefühle zu klären und Handlungsalternativen selbst zu denken. Fragen dieser Art können auf den verschiedenen Stufen von Konflikten hilfreich sein. Für ein solches Gespräch sind die »Regeln für einen respektvollen Umgang« (s. Kapitel 7) zu beachten. Wie könnte das Ergebnis eines solchen Gesprächs aussehen?

- Sie können sich auf eine gemeinsame Beschreibung des Problems verständigen.
- Sie können eine Verabredung treffen, wie die beiden Beteiligten künftig arbeiten oder wie weitere Schritte zur Verständigung aussehen (s. Übung »Rollen verhandeln« im Top-Band Teamentwicklung, S. 45).
- Halten Sie die Ergebnisse schriftlich fest. Verabreden Sie, zu welchem Zeitpunkt Sie überprüfen werden, was aus den Ergebnissen geworden ist.

Macht – Recht – Interessenausgleich

In Institutionen gibt es drei Wege, Konflikte zu lösen:

- Sich auf die eigene Macht berufen. Die Machtposition wird genutzt, um die eigenen Interessen durchzusetzen.
- Sich auf das Recht berufen. Recht wird gesucht und abgeleitet aus allgemeinen Regeln, Normen, Gesetzen und Vorgaben.
- Lösungen suchen und finden, in denen die Interessen der Konfliktbeteiligten berücksichtigt und ausgeglichen werden.

MACHT
RECHT
INTERESSEN

Angenommen, Sie regeln in Ihrer Kindertagesstätte einen Konflikt zwischen zwei Kolleginnen oder Kollegen, der Ihnen lästig und dessen Sinn Ihnen nicht deutlich ist, durch ein »Machtwort«, dann sollte Ihnen bewusst sein, dass Sie dadurch eine Gewinner-Verlierer-Konstellation hervorrufen. Diese Art von Konfliktlösung wird andere Konflikte nach sich ziehen, denn eine Gewinner-Verlierer-Konstellation hat negative Auswirkungen auf die Beziehungen zwischen den Beteiligten.

Ist Ihre Einrichtung hingegen eine, die sich – vielleicht mühevoll – Regeln für den Umgang miteinander in Konfliktfällen gegeben hat, so können Sie sich zwar darauf berufen, aber ob diese Konfliktlösungen lange tragfähig sind, kann bezweifelt werden. Zwar ist diese Lösung für die betroffenen Verlierer weniger schmerzhaft als eine, die durch ein Machtwort (das heißt, durch eine Drohung) zustande gekommen ist, aber sie ist nicht befriedigend.

Beide »Lösungen«, die, die sich auf Recht beruft, und die, die durch Macht zustande gekommen ist, haben den scheinbaren Vorteil, schnell wirksam zu werden. Sie haben aber in Teams den Nachteil, dass es einen Verlierer und somit genügend emotionalen Stoff für weitere Konflikte gibt.
William L. Ury/ Jeanne M. Brett/ und Stephen B. Goldberg (S.37) reden in diesem Zusammenhang von einem gestörten und einem effektiven Konfliktlösungssystem.

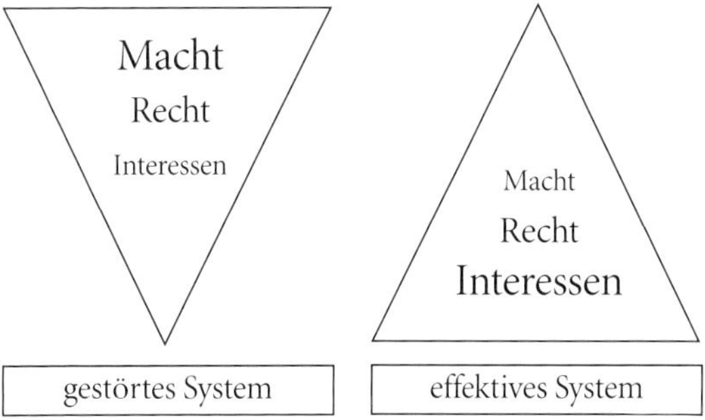

Eine auf Interessenausgleich orientierte Konfliktbearbeitung benötigt zwar mehr Zeit als die beiden anderen Varianten, sie wirkt sich aber doppelt positiv aus. Zum einen verbessern sich die Beziehungen und das Arbeitsklima, zum anderen können die Kinder in der Einrichtung Erwachsene erleben, die für sie Vorbild im Umgang mit Konflikten sein können. Interessengeleitete Konfliktlösungen zielen darauf ab, nur Gewinner-Gewinner-Konstellationen zu schaffen. Wie ist das möglich?
Zuerst einmal müssen Sie sich vor Augen führen, dass es bei Auseinandersetzungen immer darum geht, ein Ziel zu erreichen. Dies gilt für alle Parteien in einem Konflikt. Ebenso wie Sie Ihre Interessen und Vorstellungen berücksichtigt sehen wollen, will Ihr Gegenüber seine Interessen durchsetzen. Eine

Auseinandersetzung kann deshalb nur erfolgreich sein, wenn die Kontrahentinnen sich bewusst werden, dass sie auf einander angewiesen sind und beide gewinnen können. Dies setzt selbstverständlich voraus, dass beide auch etwas geben müssen. Wer nicht bereit ist, in einem Konflikt etwas zu geben, braucht gar nicht erst zu verhandeln. Eine Win-win-Situation sorgt dafür, dass die Konfliktparteien, wie es im asiatischen Raum genannt wird, nicht ihr Gesicht verlieren.

Nehmen wir als Beispiel die Auseinandersetzung zwischen der Kindertagesstätte und dem öffentlichen Träger. Der Stadtrat plant, eine Einsparung bei den Kosten für die Einrichtung zu beschließen. Zunächst scheint alles entschieden zu sein. Sie sind mit Ihren Kolleginnen und Kollegen der Auffassung, dass diese Einsparung die Arbeit grundsätzlich gefährdet. Treffen die Positionen unveränderbar aufeinander, werden Sie vermutlich die vollständige Rücknahme der »kinderfeindlichen Beschlussvorlage« fordern, und der Stadtrat wird den Beschluss als für die Einrichtung akzeptabel vertreten. Sie reden aneinander vorbei. Die Stimmung in der Kindertagesstätte und im Amt verschlechtert sich. Das Ansehen des Stadtrats bei den Eltern sinkt auf den Nullpunkt.

Sie sind aber beide aufeinander angewiesen, der Träger auf die Kindertagesstätte als einen Teil seiner Leistungen für Eltern und Kinder, Sie auf den Träger, der die Ausstattung der Kita sichert. Eine Gewinner-Gewinner-Konstellation ist in dieser Situation nur herzustellen, wenn in den Auseinandersetzungen die Interessen der jeweils anderen Seite ernst genommen werden und nach einem Ausgleich gesucht wird, der für beide Seiten tragbar ist.

Worauf ist bei der Verhandlung zu achten?

Sie sollten:
1. Die eigenen Interessen und Wünsche klar und deutlich vortragen und vertreten.
2. Die Interessen und Wünsche des Gegenübers erkunden.
3. Wenn Missverständnisse auftreten, sollten Sie sie klären. Alle zur Verfügung stehenden Informationen sollten Sie offen legen und auswerten.
4. Die Suche nach einem Ausgleich der Interessen durch gegenseitige Angebote betreiben, die beide Seiten zufrieden stellen.
5. Beziehungsarbeit leisten, indem die Auseinandersetzungen von Respekt getragen werden.
6. Anstelle von Problemorientierung Lösungsfokussierung betreiben.

Ohne den Versuch, die andere Position zu verstehen, wird die Suche nach einer Konfliktlösung zwecklos. Wer andere vollständig besiegen will, ist auf dem Weg, eine Niederlage für beide zu organisieren.

Ein altes chinesisches Sprichwort umschreibt es so: »Jedes Problem hat drei Lösungen: meine Lösung, deine Lösung und die richtige Lösung.«

Die Rollen der Leitung in Konflikten

Sie haben als Leiter/in einer Kindertagesstätte verschiedene Möglichkeiten, mit einem Konflikt umzugehen. Die Grafik (S. 102) veranschaulicht dies:

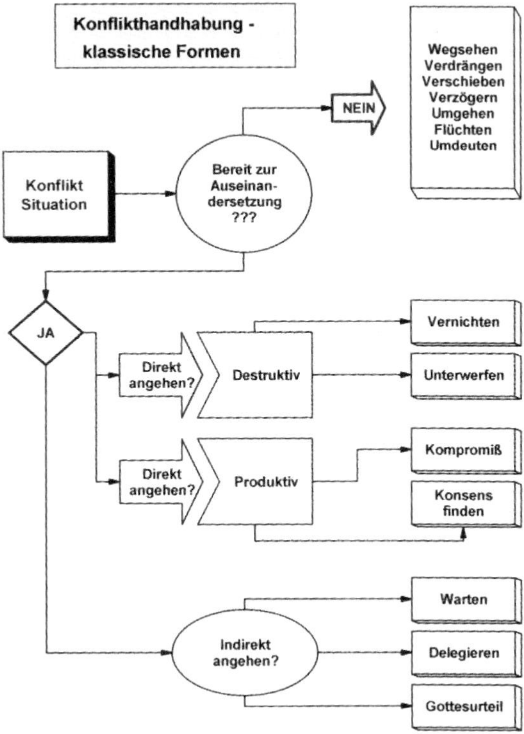

Wenn Sie daran interessiert sind, sich und Ihr Team voran zu bringen, Ihr Team zu einem TOP-Team zu machen, schrumpfen die Wahlmöglichkeiten. Es bleibt Ihnen nichts weiter übrig, als dafür zu sorgen, dass Probleme und Konflikte in Ihrer Einrichtung produktiv angegangen werden.

Den Prozess von einer kritischen Situation bis zum Konflikt können wir als ein Kontinuum beschreiben, wenn er nicht auf den verschiedenen Stufen der Verhärtung bzw. Eskalation durchbrochen wird. In Abhängigkeit von der Intensität der Auseinandersetzung kommen folgende unterschiedliche Interventionsrollen in Frage:

1. Die Rolle der Beobachterin

In kritischen Situationen, in denen die Beteiligten noch Kontakt zueinander haben und die Zusammenarbeit nicht gefährdet ist, ist es hilfreich, wenn Sie als Leiter/in für alle erkennbar zeigen, dass Sie die Situation wahrnehmen. Machen Sie deutlich, dass Sie den Beteiligten bei Bedarf Ihre Außensicht zurückspiegeln. Das Beobachten an sich stellt bereits eine Intervention dar. Den Akteuren wird vermittelt, dass ihr Agieren nicht im Verborgenen stattfindet, und dass Sie – da Sie sich zurückhalten – Vertrauen in ihre Selbstregulierungskräfte setzen.

Anders verhält es sich bei Konflikten, in denen die Kontrahenten sich verhärten, die Zusammenarbeit zu leiden beginnt und weitere Kolleginnen und Kollegen ins jeweilige Boot geholt werden. Wenn Sie sich in solchen Situationen nur auf Beobachtung beschränken, setzen Sie damit auch Zeichen, allerdings in die umgekehrte Richtung. Sie signalisieren Ihren Kolleginnen und Kollegen bewusst oder unbewusst mangelnde Unterstützung, was das Vertrauen in Ihre Führungsstärke sinken lässt.

2. Die Rolle der Moderatorin

Die Rolle der Moderation ist dann gefragt, wenn das Klima zwischen den Beteiligten spürbar gereizt und frostiger wird. Schärfere Debatten, die Auseinandersetzung vor anderen Kolleginnen und Kollegen und beginnende Polarisierungen erfordern Ihre Unterstützung als Moderatorin. Die Rolle besteht in erster Linie darin, Hilfe zur Selbsthilfe zu leisten und an rationalen Konfliktlösungen mitzuwirken. Dies geschieht durch gemeinsame, achtsame Aufdeckung der Differenzen, die Klärung der unterschiedlichen Wahrnehmungen und der unterschiedlichen Vorstellungen (s. Gesprächsleitfaden in diesem Kapitel und TOP-Band Moderation und Gesprächsführung).

Als Moderatorin benötigen Sie eine Portion Vertrauen zu den Streitenden und eine gewisse Ahnung, ob diese nach Ihrem Einsatz selbständig an der Lösung des Problem weiterarbeiten können.

3. Die Rolle der Vermittlerin

Wenn der Konflikt zwischen den Konfliktparteien bereits durch nicht zu vereinbarende, gegensätzliche Interessen gekennzeichnet ist und kooperative Formen der Lösung nicht mehr gesehen werden, ist die Rolle der Vermittlerin gefragt. Um weiteren Schaden vom Team und/oder der Institution abzuwenden, bemüht sich die Vermittlerin um akzeptable Lösungen. Sie unterbreitet – im Gegensatz zur Moderatorin – eigene Vorschläge zur Lösung, vor deren Hintergrund die Akteure ihrerseits nach neuen Lösungen suchen können. Die Vermittlerin führt die Konfliktparteien wieder an den Verhandlungstisch, damit die Mauer des Schweigens, die für diese Phase typisch ist, durchbrochen wird.

4. Die Rolle der Schiedsrichterin

Scheitern die Bemühungen, den Konflikt beizulegen, trotz Unterstützung durch Ihre Moderation oder die Moderation von anderen, werden Ihre Ideen zur Befriedung der Situation maßgeblich. Sie bieten den Kontrahentinnen jetzt Lösungsvorschläge an, auf deren Grundlage sie sich einigen müssen. In diesen Vorschlägen geht es in erster Linie darum, Formen und Regeln für die weitere Zusammenarbeit und den Umgang miteinander zu bestimmen.

5. Schadensbegrenzung durch Macht

Sollten die Konfliktparteien sich nicht an die vereinbarten Regeln halten und den Konflikt weiter verstärken, dann sind, um noch größeren Schaden vom Team und der Institution abzuwenden, Ihre Macht und Ihr Durchsetzungsvermögen gefordert. In Ihrer formellen Leitungsrolle müssen Sie mit Anordnungen und Anweisungen, also mit Zwang und Druck, reagieren. Wenn nötig, muss der Träger in die Auseinandersetzung einbezogen werden.

7 Zehn Schritte für ein erfolgreiches Arbeiten mit Konflikten

I. Vorbeugen ist besser als heilen

Diese Volksweisheit gilt auch für den Umgang mit Konflikten. Schaffen Sie in Ihrer Einrichtung ein respektvolles und offenes Arbeitsklima, in der auch Konflikte ohne Angst angesprochen und bearbeitet werden können. Ein solches Klima wirkt präventiv, viele Probleme werden dadurch gar nicht erst zu einem Konflikt. Konflikte, die entstehen, werden als solche benannt, erkannt und können bearbeitet werden. Sie müssen nicht eskalieren, die Spirale der Verhärtung kann frühzeitig unterbrochen werden. Eine solche Organisationskultur, zu deren Gestaltung Sie als Leiter/in maßgeblich beitragen, schafft den Rahmen dafür, dass Konflikte als weniger bedrohlich erlebt werden. Alle Beteiligten bekommen die Sicherheit: »Wir können Konflikte produktiv angehen.«

Maßnahmen der Konfliktvorbeugung:

- ❑ Zielkonflikte durch klare Zielvorgaben vermeiden
- ❑ Mitarbeiter/innen an Entscheidungen beteiligen
- ❑ Abhängigkeiten von Mitarbeiter/innen verringern
- ❑ Konkrete Vorgaben machen, Aufgaben gemeinsam abstimmen
- ❑ Individuelle Handlungsspielräume ausweisen
- ❑ Für guten Informationsfluss sorgen
- ❑ Verteilungskonflikte vermeiden

- ❑ Chancen zur fachlichen und persönlichen Weiterentwicklung unterstützen
- ❑ Fach- und Sozialkompetenz schulen

(nach Ulrike Brommer 1994, S. 186)

Der konstruktive Umgang mit Konflikten setzt, wie bereits erwähnt, ein respektvolles Klima voraus. Das fängt beim äußeren Rahmen an.

- Räumen Sie für Gespräche mit Einzelnen und dem Team ausreichend Zeit ein.
- Schaffen Sie eine Umgebung, in der gearbeitet werden kann und in der Sie sich wohl fühlen. Auf Stühlen für Kinder sollten keine Klärungsgespräche zwischen Erwachsenen stattfinden. In einer Situation, in der jemand sich ohnehin schon klein fühlt, sollte dieses Gefühl nicht noch verstärkt werden.
- Sorgen Sie für eine störungsfreie Arbeitsatmosphäre. Stellen Sie das Telefon ab, sorgen Sie dafür, dass das Gespräch nicht durch andere Personen unterbrochen wird.
- Konfliktgespräche sollten nicht zwischen Tür und Angel geführt werden, sie gehören in eine Umgebung, in der alle Beteiligten die Zeit und den Raum haben, sich ernsthaft auseinander zu setzen.

II. Wehret den Anfängen

Als Leiter/in einer Kindertagesstätte sind Sie gefordert, die Prozesse in der Einrichtung zu beobachten. Zur Wahrnehmung der Leitungsrolle gehört es, Probleme zu erkennen, anzusprechen und gemeinsam mit den Kolleginnen und Kollegen nach Lösungen zu suchen. Aktiver Umgang mit Konflikten und die Moderation von Konflikten, soweit Sie nicht selbst direkt beteiligt sind, das sind Herausforderungen an eine Leitung, die mit einem TOP-Team in einer TOP-Einrichtung arbeiten will.

Probleme und Konflikte sind die Grundlage für Gerüchte. Und umgekehrt: Spitzeleien, Fraktionsbildungen und Spaltungen im Team können nur dort entstehen, wo Probleme nicht rechtzeitig auf den Tisch kommen. Schaffen Sie durch Ihre Art, Probleme anzusprechen, einen einladenden Rahmen. Vermeiden Sie Warum-Fragen, Fragen dieser Art: »Warum hast Du das so und nicht anders gemacht?«; »Warum klappt das in letzter Zeit mit unserer Absprache nicht mehr?« Warum-Fragen lösen einen Rechtfertigungsdruck aus. Unter Rechtfertigungsdruck verschließen wir uns eher, wodurch sich die Chance zur Problemlösung verringert. Teilen Sie besser Ihre Wahrnehmungen mit, indem Sie zum Beispiel sagen: »Ich nehme wahr, dass .... Ich bemerke in letzter Zeit ... Ich wüsste gerne, wie Du das siehst.«

Dem Impuls, die unangenehmen Dinge lange hinauszuzögern oder sich zu einem »Schnellschuss« hinreißen zu lassen, sollten Sie nicht nachgeben.

Was zu vermeiden ist

- Kopf in den Sand stecken
- Angst kriegen und umkehren
- Nur Krach machen
- Im Problem stecken bleiben
- Durchschlängeln
- Drum herum gehen

(nach Wolfgang Looss 1994)

III. Stoppen – Denken – Handeln

Konflikte in der Kindertagesstätte fordern die Leiter/in heraus. Gerade »heiße« Konflikte, die sich in lautstarken Auseinandersetzungen, Tränen und zugeworfenen Türen einen Weg bahnen, scheinen nahe zu legen, ganz schnell zu reagieren. Hektik macht sich breit. Alle Beteiligten stehen unter hoher Anspannung.

In einer solchen Situation hilft die alte Taucherregel: »Stop – think – act«, »Stoppen – Denken – Handeln«. Bevor Sie gegenüber anderen aktiv werden, sollten Sie sich zunächst einmal »ein Bild machen«. Hierfür finden Sie in diesem Buch und im TOP-Band »Teamentwicklung« eine Reihe von Hinweisen. Fragen Sie sich (s. Kapitel 4):

- Was ist der Gegenstand des Konflikts?
- Worum geht es den handelnden Personen?
- Wer ist beteiligt?
- Welche Bereiche der Kindertagesstätte sind berührt?
- Welche Geschichte hat der Konflikt?
- Was wurde bisher getan?

Wenn Sie sich diese Fragen beantwortet haben, werden Sie sicherer entscheiden können, wie Sie mit dem Konflikt umgehen wollen. Wenn Sie sich allerdings »Hals über Kopf« in den Konflikt stürzen, werden Sie verstrickt, Ihnen fehlen die Informationen, Ihnen fehlt vor allen Dingen die Distanz, um hilfreich und unterstützend zu sein.

Bedenken Sie, dass es für komplexe und schwierige Situationen keine einfachen Lösungen gibt. Da Konflikte zu zwei Dritteln aus Gefühlen, Einstellungen und Haltungen bestehen (Stichwort Eisberg), können sie auch nicht durch ein schnelles »Lasst uns das schnell klären« oder durch ein Machtwort wirklich gelöst werden.

IV. Einen Kommunikationsprozess organisieren

Es ist die Aufgabe der Leitung einer Kindertagesstätte, eine Lerngemeinschaft zu organisieren, die eine Grundlage für das Lernen im Team schafft. Besonders in Konfliktsituationen sind Arbeitsformen von Bedeutung, mit denen Sie eine respektvolle Kommunikation, einen respektvollen Umgang strukturieren können.
Zunächst: Erarbeiten Sie sich Regeln für ein schwieriges Gespräch in der Kindertagesstätte nicht, wenn Sie einen akuten Konflikt haben, sondern wenn die Stimmung gut ist. Ein Konflikt mit einer Person gehört nicht in die Teamsitzung. Sie ist kein Tribunal. Es geht nicht darum, einen Schuldigen zu bestrafen. Sie sollten einen kultivierten Umgang schaffen, in dem eine gemeinsame Bearbeitung der offenen Fragen möglich ist. Dazu gehört die innere Bereitschaft der Beteiligten.

Haben Sie keine Angst vor Emotionen. Lassen Sie alle Beteiligten ihre störenden Gefühle anmelden (dies aber mit »Ich-Botschaften«). Lassen Sie alle Beteiligten ihre Wünsche an die anderen formulieren und hören Sie genau auf die Gemeinsamkeiten und Unterschiede. Fragen Sie, was die Beteiligten von den Interessen und Anliegen der anderen halten.

Sie sollten zu Beginn eines Konfliktgesprächs an einige Regeln für den respektvollen Umgang (ich nenne sie auch »Anstandsformen«) erinnern, die auch für andere schwierige Diskussionen hilfreich sein können:

- Alle Beteiligten reden in der Ich-Form, sprechen von sich und ihrer Sicht.
- Die Aussagen aller Beteiligten werden ernst genommen, als ihre Sicht akzeptiert.
- Alle Beteiligten sprechen ohne Vorwürfe, Anklagen und Urteile, nicht verletzend.

- Es kommen alle Beteiligten zu Wort.
- Es wird nicht über die Beteiligten geredet, sondern mit ihnen.
- Es gibt zu Beginn der Sitzung eine Verabredung über den Zeitrahmen.
- Es wird festgelegt, wer den Prozess begleitet, das muss nicht die Leitung sein, und wer die Ergebnisse festhält.
- Die Person, die den Prozess begleitet (»den Hut auf hat«) fasst am Anfang ohne Wertungen, Urteile oder Vorwürfe zusammen, was aus ihrer Sicht der Anlass des Gesprächs ist.

Damit Ihnen eine gemeinsame Gesprächsbasis gelingt, üben Sie, wann immer Sie können, in Gesprächen zu zweit, aber auch im Team das »Aktive Zuhören«. Das bedeutet, die Zuhörerin versucht, den Standpunkt der Sprecherin zu verstehen, indem sie auch körpersprachlich »zuhört«, das heißt, sich zuwendet und nach der Aussage zunächst einmal zurückspiegelt, was verstanden wurde (»Was ich verstanden habe, ist ....«). Auf diese Weise kann man vermeiden, aneinander vorbei zu reden. Erst nachdem ich wiedergegeben habe, wie ich die Aussage der anderen Person verstanden habe, lege ich meine Sicht dar. Ich versuche an die Aussagen der Vorrednerin anzuknüpfen. Es ist die Aufgabe aller und der Prozessbegleitung, die Einhaltung dieser Regeln im Auge zu behalten.
Sie werden diese Art des Gesprächs zunächst sehr mühsam finden. Oftmals wird diese Technik auch als »albern« abgetan. Wenn Sie sich aber darauf einlassen, werden Sie merken, wie schwer es ist, in einem Gespräch die Aussage der anderen Person tatsächlich so wiederzugeben, dass sie sich verstanden fühlt.

Übung zum Aktiven Zuhören

Bilden Sie Gruppen aus drei Personen (A, B und C). Zwei (A und B) führen ein Gespräch über ein selbst gewähltes Thema, die dritte Person (C) beobachtet das Gespräch und notiert sich, was ihr auffällt.
A erzählt B etwas zum Thema. Nach einigen Sätzen gibt B wieder, was er/sie verstanden hat. A äußert, ob er/sie sich richtig oder falsch verstanden fühlt.
Danach findet ein Rollentausch statt.
C teil A und B mit, was er/sie wahrgenommen hat.
Nach diesem Schritt tauschen alle die Rollen, damit auch C in die Situation kommt, aktiv zuzuhören.

V. Herausfinden: Was ist das Problem? – Was sind unsere Ziele?

Der erste Schritt zur Klärung eines Konflikts ist die gemeinsame Definition, worin der Konflikt besteht und was die Beteiligten eigentlich wollen. Die Ziele der handelnden Personen sind oft unklar, weil Aggression, Gefühlsstau und verhärtete Positionen dafür sorgen, dass bereits die Beschreibung des Konfliktgegenstands und des Problems schwer fällt. Sich überlagernde Gefühle führen zu Vorwürfen den anderen Personen gegenüber.

Bei diesem Schritt kommt es darauf an, den Gegenstand oder die Gegenstände des Konflikts gemeinsam zu beschreiben. Voraussetzung ist die Beschreibung aus der jeweiligen Sicht. In der Form des aktiven Zuhörens wird Übereinstimmung darüber hergestellt, dass die jeweils andere Seite die eigene Beschreibung korrekt wieder gibt. Sie erarbeiten sich dadurch eine gemeinsame Sprache, eine gemeinsame Beschreibung dessen, worum es geht. Sie sollten darauf achten, dass in der Problembeschreibung die Frage »Worum geht es und wofür sind wir eigentlich da?« und die persönlichen Bedürfnisse gleichermaßen beleuchtet werden.

Zergliedern Sie komplexe Probleme. Nicht alle Punkte sind gleich wichtig und müssen sofort gelöst werden. Wenden Sie sich den vordringlichen Fragen durch gemeinsame Prioritätensetzung zu. Halten Sie das Ergebnis schriftlich fest.

Vermeiden Sie jedes »Aufladen« des Konflikts durch weitere Themen nach dem Motto: »Die hat aber auch ....«.

Entwickeln Sie ein gemeinsames Ziel. Der Weg dahin führt über die Frage, welches Ziel, welches Ergebnis die Konfliktparteien einzeln anstreben. Über die Diskussion der Gemeinsamkeiten und Unterschiede können Sie mit allen Beteiligten die Elemente herausarbeiten, denen alle Konfliktbeteiligten zustimmen können.

Zehn Regeln für die Konfliktmoderation

1. Versuchen Sie, sich in die Lage der anderen Konfliktbeteiligten zu versetzen.
2. Ermöglichen Sie Offenheit und Aufgeschlossenheit für die Interessen und Argumente der anderen.
3. Achten Sie darauf, dass an der Aufgabe gemeinsam gearbeitet wird.
4. Denken Sie daran, dass Konflikte nur bei Zufriedenheit aller Betroffenen konstruktiv gelöst werden können.
5. Verhindern Sie Schuldzuweisungen und die Suche nach Sündenböcken.
6. Achten Sie darauf, dass keine Interpretation von Aussagen, sondern konkrete Nachfragen erfolgen.
7. Sorgen Sie dafür, dass es keine VerliererInnen gibt.
8. Lassen Sie Emotionen zu, unterdrücken Sie diese nicht.
9. Organisieren Sie aufmerksames Zuhören und Feed-back.

(nach Ulrike Brommer 1994, S.201)

VI. Vom Ziel zur Lösung – Alle Ideen sind willkommen.

Wenn die Konfliktbeteiligten oder das Team ein gemeinsames Ziel definiert haben, sollten Sie der Fantasie freien Lauf lassen. Jede Idee ist gefragt. Die Methode hierzu heißt »Brainstorming«. Das Gehirn (Englisch: brain) soll freien Lauf erhalten; jeder Gedanke, welche Lösungen für den Konflikt möglich sind, ist erlaubt. Die Ideen müssen festgehalten werden, ohne sie zu kommentieren, zu bewerten oder sofort auf ihre Realisierbarkeit hin zu prüfen. Oft schieben wir Ideen weg, weil sie uns zu »verrückt« erscheinen, weil sie den vorgegebenen Rahmen sprengen. Aber gerade diese Ideen, die aus den Fantasien entspringen, enthalten oft Anteile, die kreative Lösungen ermöglichen.

Sie müssen sich und die Gruppe immer wieder daran erinnern, dass bei kreativen Lösungen nicht immer die Mehrheit Recht hat. Konfliktlösungen sind keine Frage der demokratischen Abstimmung, sondern Lösungen, die von allen Seiten akzeptiert werden können. Lassen Sie sich zunächst auf einen Prozess ein, bei dem Sie die bewertenden Filter im Kopf ausschalten und jede Idee willkommen heißen. Eine ausgezeichnete Methode dazu ist das moderierte Gespräch; Sie finden Hinweise hierzu im TOP-Band »Moderation und Gesprächsführung«.

Erst wenn diese Phase, die zugleich auch einen entlastenden Effekt für die Gruppe haben kann, zu Ende ist, geht es an das Sortieren und Herausfiltern der »besten« Lösungen. Hierzu haben sich große Wandzeitungen bewährt, an die Karten mit Ideen gehängt werden. Sie können die Karten immer wieder anders sortieren, Gruppen von verwandten Ansätzen bilden, Ideen kombinieren. Machen Sie sich und der Gruppe bewusst, dass es nicht darauf ankommt, sich mit seiner Idee durchzusetzen. Prüfen Sie alle Vorschläge und Ideen nacheinander und prüfen Sie auch, ob Elemente eines Lösungsvorschlags in einen anderen übernommen werden können.

Mit der besten Idee ist diejenige gemeint, von der sich die Konfliktparteien eine Lösung für ihr Problem versprechen. Damit kommt natürlich, aber erst in dieser Phase, die Frage der Realisierbarkeit in den Blick. Vereinbaren Sie eine Lösung und die Schritte zu dieser Lösung mit allen Beteiligten. Dabei ist die Lösung die beste, die von den Konfliktparteien akzeptiert wird und mit der es keine Verlierer gibt. So eine »Win-win-Situation« stellt eine Balance zwischen Geben und Nehmen her.

VII. Wer, was, wann, wie, wo? Klare Aufgaben helfen dabei, realistische Ziele zu erreichen.

Konfliktlösungen sind pragmatische Lösungen. Sie quellen nicht über vor positiver Energie, werden nicht im Überschwang geboren. Vielmehr sind sie das Ergebnis harter gemeinsamer Arbeit. Oft sind die Lösungsvorschläge auch tastende Versuche zu einem gemeinsamen Ergebnis, an deren Beginn Zweifel mitschwingt: »Werden sich Kollegin A und Kollege B tatsächlich an die vereinbarten Schritte halten?«

Deshalb achten Sie darauf, realistische Schritte zu vereinbaren. Ein gelungenes Gespräch über einen Konflikt hat nicht sofort alle tiefer liegenden Bereiche des Konflikts ausgeräumt. Der Eisberg schwimmt weiter. Aber viele Blockaden in der Zusammenarbeit beruhen auf Missverständnissen, auf falschen Annahmen über den anderen, auf den Folgen schlechter Organisation oder ungenügender Absprachen. Ausgrenzungen können Folge von Vorurteilen sein, die sich bei genauer Betrachtung als solche herausstellen. Deshalb ist ein Teil gelungener Konfliktlösung der Prozess der Annäherung.

Wählen Sie im eigenen Interesse pragmatische, überschaubare Schritte. Nehmen Sie sich gemeinsam das vor, was Sie auch leisten können. Beharren Sie darauf: Nur ein von allen akzeptierter Lösungsweg ist tatsächlich einer. Zerlegen Sie die Vorhaben in Einzelziele und erreichbare Ergebnisse. Halten Sie alle verabredeten Arbeitsschritte oder Veränderungsschritte schriftlich fest. Vereinbaren Sie die Formulierungen. Legen Sie genau fest, wer wann was zu tun hat, wie das zu geschehen hat und wo es stattfindet. Vereinbaren Sie, dass diese Schritte in einem weiteren Gespräch überprüft werden. Lassen Sie die Verabredungen nicht in Vergessenheit geraten, fühlen Sie sich für die Umsetzung verantwortlich. (Hinweise zur Ergebnissicherung finden Sie im TOP-Band »Moderation und Gesprächsführung«.)

VIII. Klären Sie Ihre Rolle

Arbeit an Konflikten ist Arbeit mit Menschen, die emotional betroffen und angestrengt sind. Die Grenzen des Erträglichen sind schnell überschritten, wenn Sie nicht beachten, dass Konflikte, in denen Sie Partei sind bzw. in denen Sie Beteiligte sind, nicht von Ihnen moderiert werden können. Deshalb sollten Sie darauf achten, dass Ihre Rolle in jeder Phase des Arbeitsprozesses von allen akzeptiert wird. Holen Sie sich Rückmeldungen dazu ein. Konfliktbearbeitung ist ein Prozess, bei dem Sie nur mit den Betroffenen gemeinsam zu einer Lösung kommen können. Diesen Grundsatz sollten Sie auch als Leitungskraft haben.

Eine weitere Grundregel für das Verständnis Ihrer Rolle in den Lösungsprozessen ist, dass Sie heiße Konflikte nicht eskalieren lassen. Die Beteiligten haben einen Anspruch auf einen sorgsamen Umgang mit ihren Gefühlen. In Konfliktlösungsprozessen sollten nur die abgesprochenen Schritte mit den jeweils vereinbarten Regeln bearbeitet werden, die einen achtsamen Umgang sicherstellen. Sonst besteht die Gefahr, dass der Konflikt außer Kontrolle gerät.

Die Regeln lösen keinen Konflikt und ersetzen nicht den Prozess der Kommunikation. Sie helfen nur, sie zu strukturieren.

Gönnen Sie sich Denkpausen. Akzeptieren Sie Denkpausen. Wenn die Gruppe oder einzelne Personen der Auffassung sind, die Arbeit müsse unterbrochen werden, setzen Sie sich und die anderen nicht unter Zeitdruck, bestehen Sie aber immer auf einer Verabredung, wann die Klärung fortgesetzt wird, und halten Sie die auf jeden Fall ein.
Moderation in Konflikten verpflichtet zur Sorgfalt im Umgang miteinander und mit den vereinbarten Regeln.

IX. Lassen Sie sich beraten

Leitungstätigkeit und Arbeit mit Menschen beinhalten eine besondere Verantwortung. Alle Menschen sind in der Gefahr, sich in die eigene Meinung zu verrennen. Die eigene Wahrnehmung ist nicht objektiv, wir alle sehen die Welt aus unserer individuellen Perspektive. Deshalb brauchen Sie in Ihrer Tätigkeit die Unterstützung durch andere Menschen. Das können Kolleginnen und Kollegen aus der Einrichtung sein. Die meisten Übungen in diesem Buch lassen sich gut mit der Stellvertreterin oder anderen Kolleginnen und Kollegen durchführen. Gleiches gilt für die Erfahrungen mit der Gruppe. Aber Vorsicht! Seien Sie sich der Gefahr bewusst, dass Ihre Akzeptanz im Team darunter leidet, wenn Ihre Vertraute selbst in den Konflikt verstrickt ist.

Dann helfen Beratung und Unterstützung von außen. Sie können sich kollegiale Beratung bei anderen Leitungskräften holen. Sprechen Sie mit einer Kollegin darüber, welche Handlungsalternativen Sie haben. Lassen Sie sich befragen – Sie kommen bestimmt auf neue Ideen.

Außerdem gibt es professionelle Unterstützungssysteme wie die Kita-Beratung oder Supervisor/innen, die der Träger unter Umständen zur Verfügung stellt. Darüber hinaus sollten Sie auch an Ihre eigene Fortbildung denken und Expert/innen von außen hinzuziehen.

X. Finger weg von Katastrophen – Erkennen Sie Ihre Grenzen

Im Kapitel zur Definition von Konflikten sind Grenzen zwischen Konflikten und (persönlichen oder institutionellen) Katastrophen dargestellt. Wenn Krankheit, Sucht oder neurotische Störungen im Spiel oder die institutionellen Konfliktkosten hoch sind, brauchen Sie Unterstützung von außen. Auch dort, wo durch emotionale Belastungen der Konflikt ausser Kontrolle geraten ist, sind die Grenzen der eigenen Handlungsfähigkeit erreicht. Überfordern Sie sich nicht, schätzen Sie Ihre Fähigkeiten richtig ein. Wenn Sie unsicher werden, ob Sie die Konflikte bearbeiten oder die Konflikte Sie treiben, holen Sie sich Hilfe.

Lassen Sie sich nicht entmutigen, Konflikte müssen nicht bedrohlich sein, sie werden eine schöpferische Kraft, wenn Sie und Ihr Team eine positive Einstellung dazu gewinnen können und eine konstruktive Streit- und Konfliktkultur entwickeln.

8 Anregungen zum Weiterlesen

Zu den Themenbereichen Konfliktmanagement und Zusammenarbeit in Institutionen finden Sie eine Vielzahl von Veröffentlichungen, vom Ratgeber bis zum Standardwerk für die Beraterin/den Berater. Deshalb kann die folgende Liste nicht alle für die weitere Beschäftigung mit dem Thema sinnvollen Bücher umfassen. Ich möchte Ihnen Hinweise auf Bücher geben, die mir bei der Auseinandersetzung mit diesen Themen geholfen haben und die ich immer wieder zur Hand nehme, wenn ich Seminare oder Beratungen vorbereite oder nach guten Beispielen suche.

Wenn Sie sich mit der Thematik Konfliktmanagement beschäftigen, werden Sie Ihren eigenen Weg gehen. Die Texte sollen Ihnen helfen, sich zu den weiterführenden Fragen einen eigenen Standpunkt zu bilden.

Becker, Helmut L.:
Ganzheitliche Management-Methodik.
Renningen/Malsheim 1994
Becker wendet sich mit seinem Buch an Selbständige, Fachkräfte und Führungskräfte aller Berufe. Es geht in seinem Buch um Managementfähigkeiten generell. Er behandelt das Selbstmanagement, die Mitarbeiterführung und Organisationsentwicklung sowie die Arbeitsmethodik, die zu erfolgreicher Arbeit als Person und in der Institution führen. Die Frage, »Wie löse ich Probleme« ist Bestandteil der Darstellung, steht allerdings nicht im Mittelpunkt. Ein Buch für diejenigen, die sich nicht nur mit Fragen des Konfliktmanagements weiter beschäftigen wollen, sondern im umfassenden Sinne Anregungen zu Fragen der Organisationsentwicklung suchen.

Beck, Reinhilde/Schwarz, Gotthart:
Konfliktmanagement. Alling 1995
Dieser Band enthält Basistexte, Computergrafiken und Checklisten zum Thema. Der ganzheitliche Ansatz der Autoren hilft beim Analysieren, Strukturieren und Beschreiben von Konflikten, ihrer Entstehung und ihrem Verlauf. Er enthält hilfreiche Checklisten für Führungskräfte und Berater/innen. Die teilweise sehr feingliedrige Darstellung ist aus der Sicht der Praxis »übersetzungsbedürftig«. Die gesellschaftlichen Bedingungen von Konfliktangst und Konfliktvermeidung werden erkennbar. Positive Ansätze der Konfliktvermeidung und Konfliktregelung in Institutionen machen diesen Band zu einer wertvollen Hilfe, vor allem für Klärungshelfer in Konfliktsituationen.

Blanchard, Kenneth/Zigarmi, Drea/Zigarmi, Patricia:
Der Minuten Manager: Führungsstile. Reinbek 2000
Wenn Sie ein wenig Zeit zwischendurch haben, dann sind die Geschichten von Branchard/Zigarmi amüsant und lehrreich. Alltägliche Weisheiten wie: »Ungleiche Wesen gleich zu behandeln ist nicht Gerechtigkeit, sondern Gleichmacherei.« und »Wenn der Chef sich oft blicken läßt, kann die Leistung sich bald sehen lassen.« werden von Geschichten aus der Beratungs- und Firmenpraxis ergänzt. Führungsqualität und Leitungskompetenz zu haben bedeutet nicht, alles selbst zu machen. Delegation, Vertrauen, Unterstützung der Wachstumsprozesse der Mitarbeiter/innen – das sind die Ziele, die Sie bei der Lektüre immer wieder finden.

Fisher, Roger:
Jenseits von Machiavelli. München 1997
Fisher untersucht an Beispielen aus der Weltpolitik, warum Entscheidungen in welcher Situation wie gefallen sind. Daraus leitet er Ansätze für Konfliktlösungen in anderen Bereichen ab. Unterschiedliche Standpunkte und Perspektiven sind die

Grundlage für die unterschiedlichen Interessen und Wahrnehmungen in der jeweiligen Situation. Es geht Fisher um die Darstellung von Handlungsalternativen, in denen Win-win-Situationen entstehen können.

Glasl, Friedrich:
Selbsthilfe in Konflikten. Stuttgart 1998
Der Anspruch von Friedrich Glasl wird bereits im Untertitel deutlich: »Konzepte, Übungen, Praktische Methoden«. Mit Beispielen aus dem Arbeitsalltag in der Schule und in der Industrie zeigt der Autor vor dem Hintergrund seiner langjährigen Praxis als Berater die Entstehung und die Verlaufsformen von Konflikten auf und bietet Methoden zur Bewältigung von Konflikten und zur Arbeit an ihnen an. Im Vordergrund stehen dabei die Arbeit an der Person, der persönliche Umgang mit Konflikten und die Wechselwirkung zwischen Personen und Organisation. Glasl fragt in seinen Übungen und Beispielen konsequent nach der eigenen Haltung, Wahrnehmung, Beschreibung der Konfliktprozesse.

Lotmar, Paula/Tondeur, Edmond:
Führen in sozialen Organisationen. Bern/Stuttgart/Wien 1994
»Führen« ist ein in sozialen Institutionen diskreditierter Begriff. Lotmar/Tondeur verstehen darunter, im Gegensatz zum direktiven »Leiten«, einen Weg, auf dem Leitungskräfte sich ihrer Rolle bewusst werden und die Ziele der Organisation (der »Leistungsgemeinschaft«) mit denen der in ihr handelnden Menschen (der »Personengemeinschaft«) in Einklang bringen. So entsteht eine soziale Organisation, in der die frei werdende Energie von Konflikten durch die richtige Führung genutzt wird. Das Buch beschreibt die Aufgaben in einer klaren, gut lesbaren Sprache, spart nicht mit Tipps und Regeln für eine erfolgreiche Arbeit. Die Autoren wollen die Führung durch die Leitungskräfte als einen sozialen Prozess verstanden wissen, der nicht als Über- und Unterordnung verstanden wird, son-

dern als gemeinsamer Prozess in der Institution, der das vorhandene Potenzial an Ideen, Fähigkeiten und Kräften für die Entwicklung der Institution nutzt.

Schulz von Thun, Friedemann:
Miteinander Reden: Störungen und Klärungen. Reinbek 1984
Das Erfolgsbuch von Schulz von Thun ist inzwischen ein Klassiker aus einer Reihe von drei Bänden »Miteinander Reden«. Der erste Band beschreibt Grundlagen der Kommunikation und die Struktur von Botschaften, die den Gegenstand unserer Kommunikation ausmachen. Sie erfahren, dass jede Botschaft Sachanteile, Beziehungsanteile, Selbstoffenbarungsanteile und Appellanteile enthält und wir mit unseren »vier Ohren« unterschiedlich stark auf die jeweiligen Anteile reagieren. Störungen zwischen »Sendern« und »Empfängern« entstehen, wenn beide unterschiedlich auf die verschiedenen Anteile der Botschaften reagieren bzw. diese Anteile betonen. Klärungen können durch Metakommunikation unterstützt werden. Ein hilfreicher Ansatz, um die Strukturen der menschlichen Kommunikation zu verstehen.

Die beiden Folgebände (Band 2: »Stile, Werte und Persönlichkeitsentwicklung«, Reinbek 1996, Band 3: »Das ›innere Team‹ und Situationsgerechte Kommunikation«, Reinbek 1999) setzen diesen Ansatz fort und vertiefen das Verständnis für die unterschiedlichen Kommunikationsstile und die innerpersonalen Prozesse bei der Kommunikation.

9 Literatur

Adams, Bob u.a.: Managing People. Holbrook/MA 1998

Bischof, Klaus: Aktiv führen. Planegg 1995

Blanchard, Kenneth/Zigarmi, Patricia/Zigarmi, Drea: Der Minuten-Manager/Führungsstile. Reinbek 1986 (2000)

Beck, Reinhilde/Schwarz, Gotthart: Konfliktmanagement. Alling 1995

Becker, Helmut L.: Ganzheitliche Management-Methodik – Die Erfolgsfaktoren der Selbstführung, Mitarbeiterführung und Arbeitsmethodik. Renningen/Malmsheim, 3. verbesserte Auflage 1994

Brommer, Ulrike: Konfliktmanagement statt Unternehmenskrise. Moderne Instrumente zur Unternehmensführung. Zürich 1994

Carr-Ruffino, Norma: Managing Diversity. Cincinatti/Ohio 1996

Deutsches Jugendinstitut (Hrsg): Konflikte unter Kindern. München 1997

Fatzer, Gerhard: Ganzheitliches Lernen – Humanistische Pädagogik und Organisationsentwicklung. Paderborn 1993/1

Fatzer, Gerhard: Organisationsentwicklung für die Zukunft. Köln 1993/2

Fatzer, Gerhard: Organisationsentwicklung und Supervision: Erfolgsfaktoren bei Veränderungsprozessen. Köln 1996

Fisher, Roger/Kopelman, Elizabeth/Schneider, Andrea: Jenseits von Machiavelli. München 1997

Glasl, Friedrich: Konfliktmanagement – Ein Handbuch für Führungskräfte und Berater. Stuttgart 1994

Glasl, Friedrich: Selbsthilfe in Konflikten. Stuttgart, 2. Aufl. 2000

Haehnel, Gisela/Werner, Josef: Als Rotkäppchen den Wolf fraß – Probleme lösen durch Konfrontation. Chieming 1996

Hagemann, Gisela: Die Hohe Schule der Motivation. Landsberg/Lech, 4. Aufl. 1993

Kunkel, Roland: Konflikte als Problemlösungsstrategie nutzen. In: KONSENS 2/99, S. 88 ff.

Königswieser, Roswitha/ Exner, Alexander: Systemische Intervention. Stuttgart 1998

Loos, Wolfgang: Konfliktbewältigung und Konfliktlösungsstrategien. Lehrgang zur Erweiterung der Handlungskompetenz in sozialpädagogischen Arbeitsfeldern. Manuskript Haus am Rupenhorn und Haus Schweinfurthstraße, Berlin 1994

Lotmar, Paul/Tondeur, Edmond: Führen in sozialen Organisationen. Bern/Stuttgart/Wien, 4. Aufl. 1994

Miller, Reinholf: »Du dumme Sau!« – Von der Beschimpfung zum fairen Gespräch. Lichtenau 1998

Pesch. Ludger: Moderation und Gesprächsführung – Wie Kindergärten TOP werden. Neuwied, Kriftel, Berlin 2000

Pesch, Ludger/Sommerfeld, Verena: Teamentwicklung – Wie Kindergärten TOP werden. Neuwied, Kriftel, Berlin 2000

Reddy, W. Brendan: Prozessberatung von Kleingruppen. Leonberg 1997

Thomann, Christoph: Klärungshilfe: Konflikte im Beruf. Reinbek 1998

Schmidt, Eva-Renate/Berg, Hans-Georg: Beraten mit Kontakt: Gemeinde- und Organisationsberatung in der Kirche. Offenbach/M 1995

Schulz von Thun, Friedemann: Miteinander Reden – Störungen und Klärungen. Reinbek 1984

Schulz von Thun, Friedemann: Miteinander Reden 2 – Stile, Werte und Persönlichkeitsentwicklung. Reinbek 1996

Schulz von Thun, Friedemann: Miteinander Reden 3 – Das »innere Team« und Situationsgerechte Kommunikation. Reinbek 1999

Senge, Peter: Die Fünfte Disziplin. Stuttgart, 3. Aufl. 1996

Senge, Peter u.a.: Das Fieldbook zur Fünften Disziplin. Stuttgart 1996

Stone, Douglas/Patton, Bruce/Heen, Sheila: Offen gesagt! München 1999

Ury, William L./Brett, Jeanne M./Goldberg, Stephen B.: Konfliktmanagement. Wirksame Strategien für den sachgerechten Interessenausgleich. Frankfurt/New York 1991

Wiedemann, Peter M./Kessen, Stefan: Mediation: Wenn Reden nicht nur Reden ist. In: Organisationsentwicklung 4/97

Zürn, Peter: ZEN in der Kunst, sich selbst und andere zu führen. Königstein/Ts. 1991

Zur Person der Autorin:

Roswitha Burchat-Harms, Jahrgang 1949. Diplompädagogin. Freiberufliche Supervisorin, gestaltorientierte Organisationsberaterin und Trainerin im Profit- und Non-Profit-Bereich. Sie war lange Jahre in der Kinder- und Jugendarbeit tätig, danach als Bildungsreferentin für politische Bildung und zehn Jahre als Dozentin in der Fortbildung für Erzieher/innen und Sozialarbeiter/innen für die Senatsverwaltung von Berlin, beschäftigt. Führt seit vielen Jahren Fortbildungen und Trainings zum Konfliktmanagement und zu Leitungsverhalten durch. Bevorzugt in ihrer Arbeit neben dem Gestaltansatz die systemische Arbeit. Sie ist Mitbegründerin der BSB-BeratungsSozietät Berlin.

Wie Ihr Kindergarten TOP wird

Die neue Reihe »Team- und Organisationsentwicklung praktisch« (TOP), herausgegeben von Ludger Pesch und Verena Sommerfeld, stellt Ihnen Materialien und Modelle vor, mit denen Sie Veränderungsprozesse in Kindertagesstätten initiieren, leiten, gestalten, beraten und evaluieren können.
Als Metapher: Die Reihe ist ein »Kochbuch« mit »Rezepten«, aus denen Sie sich Ihr eigenes »Menü« zusammenstellen können.
Ideal für Leiter/innen, Fachberater/innen, Aus- und Fortbildner/innen.

Jeder Band mit praktischer Spiralbindung hat ca. 132 Seiten und kostet ca. DM 25,-/öS 183,-/ sFr 25,-.
Zu beziehen über Ihre Buchhandlung oder direkt beim Verlag: Internet: www.luchterhand.de, e-Mail: info@luchterhand.de bzw. Internet:www.kleinundgross.de, e-Mail:info@kleinundgross.de.

Bisher erschienen

Teamentwicklung

Sie erhalten einen Überblick über grundlegende Instrumente und Modelle der Teamentwicklung. Anhand konkreter Entwicklungsmaßnahmen werden Alltagsfragen praxisnah und theoretisch fundiert beantwortet. Auf der Basis von Fragebögen und Checklisten können Sie auch die eigene Praxis verändern.

Ludger Pesch, Verena Sommerfeld: Teamentwicklung. Wie Kindergärten TOP werden. Luchterhand 2000, 144 Seiten, DM 26,80/ öS 196,-/ sFr 26,80
ISBN 3-472-03879-9

Moderation und Gesprächsführung

Erstmals gibt es für das Arbeitsfeld Kindertagesstätten eine systematische und anwendungsorientierte Einführung in die Moderationsmethode. Mit praxisnahen Strategien und Methoden für die Gestaltung von Besprechungen, Planungsprozessen und Auswertungsgesprächen.

Ludger Pesch: Moderation und Gesprächsführung. Wie Kindergärten TOP werden. Luchterhand 2001, 144 Seiten, DM 26,80/ öS 196,-/ sFr 26,80

In Vorbereitung

Qualitätsmanagement

Das Buch beschreibt und begründet praktische, alltagsnahe Formen der Qualitätssicherung, die Sie unabhängig von Ihrem angesagten Qualitätsmanagementkonzept umsetzen können. Dabei orientieren sich die vorgestellten Methoden an der Tradition, den Aufgaben und der Alltagspraxis der sozialpädagogischen Einrichtungen.

Michael Kramer, Stefanie Lippelt: Qualitätsmanagement. Wie Kindergärten TOP werden. Luchterhand 2001, ca. 144 Seiten, ca. DM 26,80/ öS 196,-/ sFr 26,80
ISBN 3-472-04277-X

Leiten und Führen

»Eine Leiterin kann vieles bewirken und alles verhindern...« Im Mittelpunkt dieses Buches stehen die Person der Leitung und ihre Führungsrolle. Wie Sie als Leiter/in Motor der Entwicklung werden, für Zielklarheit und Innovation sorgen, neue Impulse setzen und Ihr Team auf dem Wege zu Profilierung und Professionalität voranbringen können, zeigt dieses Buch. Mit vielen Beispielen und Methoden.

Barbara Huber, Gerlinde Lill: Leiten und Führen. Wie Kindergärten TOP werden.Luchterhand 2001, ca. 144 Seiten, ca. DM 26,80/ öS 196,-/sFr 26,80

Beschwerdemanagement

Der professionelle Umgang mit Beschwerden ist Teil der Dienstleistungs- und Kundenorientierung von Kitas. Moderne Managementtheorien gehen davon aus, dass der professionelle Umgang mit Kunden der entscheidende Wettbewerbsvorteil ist. Wie Sie eine reflektierte Haltung zu Beschwerden gewinnen und erfolgreich mit ihnen umgehen können, zeigt dieses Buch. Der Focus liegt dabei auf Beschwerden von Eltern, weil es dazu die meisten Anfragen aus der Praxis gibt. Mit Fallbeispielen, Theorieinputs und einem kleinen Kommunikations-Kurs als Handwerkszeug für den Umgang mit Beschwerden.

Ludger Pesch, Verena Sommerfeld: Beschwerdemanagement. Wie Kindergärten TOP werden. Luchterhand 2001, ca. 144 Seiten, ca. DM 26,80/ öS 196,-/ sFr 26,80

NOTIZEN

NOTIZEN